Die Akzentregeln des Russischen

Leitfaden für die Praxis

von

Joseph Schütz

HELMUT BUSKE VERLAG

HAMBURG 1987

VORWORT

„On s'imagine souvent que le progrès de la linguistique sortira de théories nouvelles. Ce qui en réalité est essentiel, c'est de réaliser un progrès de plus dans la précision des observations ... Ce qui fait le plus progresser la linguistique, c'est de décrire avec une précision nouvelle les états de langue".

A. Meillet, Archivio glottologico italiano, 1926, 149

„Die Probleme werden gelöst, nicht durch Beibringen neuer Erfahrung, sondern durch Zusammenstellung des längst Bekannten."

L. Wittgenstein, Philosophische Untersuchungen, 1958, 47

Wennschon nicht mit einem Aufschrei, so doch mit einem stillen Seufzer sind Akzentfragen des Russischen in der Lehr- und Lernpraxis immerzu begleitet. Sie machen vor allem Mühe: Mühe dem erklärenden Fachmann, dem gebildeten Muttersprachler, und alles ist wenig einsehbar dem wißbegierigen Lernenden. Es liegen echte methodische wie didaktische Schwierigkeiten vor. Und so gibt es viel Raum für exaltierte Theorien, die den lernenden Frager gewiß nicht ermuntern.

Aus ganz unerfindlichem Grund lehrt man, es bestünde zwischen der Lautgestalt eines Substantivs (oder einem Wort ganz allgemein) und seinem Akzent ein Zusammenhang. Folglich wundert man sich „daß es bisher niemandem gelungen ist, irgendwelche „Akzentregeln" für die einsilbigen Substantiva aufzustellen, d. h. eine feste Beziehung zwischen der lautlichen Struktur und dem Akzenttyp eines solchen Wortes zu entdecken" (Kiparsky 1962). Der Uneingeweihte wird durch diese Lehrermeinung geradezu zu der Annahme verführt, es gäbe so etwas, und damit sei ein echtes Problem formuliert worden. Ein solcher Irrtum herrscht aber auch bezüglich der nicht-einsilbi-

gen Wörter, weil auch bei diesen keine Rede davon sein kann,
daß es eine „feste Beziehung zwischen der lautlichen Struktur
und dem Akzenttyp" gäbe, die indes hier schon entdeckt sei. Die
absolute Haltlosigkeit dieser verbreiteten Lehrmeinung ist allein
schon dadurch erwiesen, daß es nicht wenige Substantive (wie
Wörter allgemein) gibt, die eine gewisse Toleranz des Normati-
ven nützen und ganz verschiedenen Akzenttypen folgen. Die
Betonung ist in solchen Beispielen gewissermaßen fakultativ
(nur zuweilen regional, soziologisch, analog oder stilistisch
bedingt oder genützt).

Dergleichen „Theorie" ist nicht einmalig. Andernorts heißt es
nicht weniger mysteriös: „Bei den russischen Substantiven läßt
sich eine Korrelation zwischen der Betonung und dem phoneti-
schen und morphologischen Wortauslaut beobachten" (Fedja-
nina 1976). Wiederum handelt es sich um eine abwegige Speku-
lation, die weder sprachgeschichtlich noch gar deskriptiv
begründbar ist. Man staunt nicht wenig darüber, warum solcher
„Erkenntnis" nicht auch überzeugende Lösungsversuche des
Problems folgen, was doch nur natürlich wäre. Da dies notwendi-
gerweise ausbleibt, ist das Ganze nur als das stille Eingeständnis
zu begreifen, einem Scheinproblem aufgesessen zu sein, indem
man es formulierte. Solches trifft auch den wahren Sachverhalt.

Derlei kritische Kennzeichnung der Situation will nur hinfüh-
rende Randbemerkung sein, denn die Betonungsregeln des Rus-
sischen sind in der Tat schwierig genug. Doch ist das Problem
beschreibend methodischer Natur und daher grundsätzlich
systemadäquat lösbar. Dies gilt generell und trifft nicht nur für
den Normal- oder Regelfall zu. Wenn gemäß den normativen
Wörterbüchern des zeitgenössischen Russisch ein Substantiv
verschieden betont werden kann, dasselbe also diversen Akzent-
typen folgt und seine akzentuelle Realisierung dadurch gewisser-
maßen ins Belieben gestellt ist, so muß sich ein didaktisch konzi-
piertes Hilfsmittel zu solchen Beispielen eindeutig normierend
äußern. Das ist durchaus sprachgemäß im Verhältnis zu dem
Betonungs„luxus", wonach Alltagsvokabeln (z. B. рекá *Fluß*,
водá *Wasser*, головá *Kopf*, веснá *Frühling*, избá *Bauernhaus*
u. a. m.) mehreren, ja bis zu vier verschiedenen Akzenttypen fol-
gen und entsprechend vermerkt erscheinen. Eine Entscheidung
in solchen Fällen ist pädagogisch gewiß geboten, und sie braucht
weder methodisch noch historisch willkürlich zu erfolgen.

Ebenso sind Homonyme mittels des Akzenttyps auseinanderzuhalten, wo dies die Entwicklung anzeigt und rechtfertigt (z. B. косá *B Sense* und косá B_2 *Harzopf*, зарń *B Morgen-, Abendröte* und зарń B_2 *Weckruf* u. ä.). Ist die semantische Differenzierung nur tendenziell gegeben (z. B. головá A_2 *Kopf* gegenüber головá *A Vorsteher*) oder behauptet sich die Schwankung hartnäckig (z. B. полосá A_1 und A_2 *Streifen*), so ist doch der Hinweis auf Wendungen (догнáть пóлосу дó лесу *mit etw. fertigsein*) oder Begriffe (городскóй головá *Stadtoberhaupt*) fraglos ein Bezug, der der Unifizierung des Akzenttyps widerstrebt und die Duplizität erklärbar macht.

Das Buch will Lernmittel und Nachschlagewerk sein. Es wendet sich an Anfänger und an Fortgeschrittene gleichermaßen, weil es bestrebt ist, Grundlegendes systemadäquat und methodisch einsichtig begründet zu vermitteln. Die intellektuelle Beherrschung der russischen Akzentparadigmen ist eine unschätzbare Lernhilfe. Die tastende Unsicherheit bei der Betonung des Russischen schwindet, wenn das Wissen um den Akzenttyp das morphologische Paradigma der Vokabel überbaut. Die Übersichtlichkeit der Regeln, ihre transparente Motivierung und die methodische Darbietung des Materials eröffnen einen neuen und aktiven Zugang zum praktischen Russisch. Als Nachschlagewerk hält der Leitfaden selbstverständlich alle sog. schwierigen Beispiele und problematischen Vokabeln, zumeist zählbar im Bestand und in sich geordnet, bereit. Im übrigen bietet er große Gruppen von akzentgleichen Vokabeln und von gleicher morphologischer Struktur, deren Erlernung en bloc das Sprachempfinden für das Akzentanliegen individuell grundlegt, formt und – wie die Praxis lehrt, auch verselbständigt. Die Systematik ist dabei in dem Sinne vollständig, soweit dies Bemühungen um Klassifikationen innerhalb des Wortschatzes überhaupt sein können: Feci, quod potui. Res tua crescat!

Erlangen, im März 1986 J. Sch.

Die Wiedergabe der Tabelle auf S. 7 erfolgte mit
freundlicher Genehmigung des Akademie-Verlages, Berlin.

Im Digitaldruck „on demand" hergestelltes, inhaltlich mit der ursprünglichen
Ausgabe identisches Exemplar. Wir bitten um Verständnis für unvermeidliche
Abweichungen in der Ausstattung, die der Einzelfertigung geschuldet sind.
Weitere Informationen unter: *www.buske.de/bod*

Bibliographische Information der Deutschen Nationalbibliothek
Die Deutsche Nationalbibliothek verzeichnet diese Publikation in der
Deutschen Nationalbibliografie; detaillierte bibliografische Daten sind im
Internet über ‹https://portal.dnb.de› abrufbar.

ISBN 978-3-87118-840-4

INHALT

DRITTER TEIL

BIBLIOGRAPHIE UND ABKÜRZUNGEN

O. S. Achmanova: *Slovar' omonimov russkogo jazyka.* M. 1974

F. L. Ageenko – M. V. Zarva: *Slovar' udarenij dlja rabotnikov radio i televidenija.* M. 1967

R. I. Avanesov – S. I. Ožegov: *Russkoe literaturnoe proiznošenie i udarenie. Slovar' spravočnik.* M. 1955

R. I. Avanesov: *Udarenie v sovremennom russkom literaturnom jazyke.* M. 1958

I. A. Baudouin de Courtenay: *Izbrannye trudy po obščemu jazyko-vedeniju* II. M. 1963

E. Berneker – M. Vasmer: *Russische Grammatik.* 7. Aufl. bearb. v. M. Bräuer-Pospelova. Berlin 1971

S. B. Bernštejn: Vvedenie v slavjanskuju morfonologiju (*Voprosy jazykoznanija 4*). M. 1968, 43–59

L. V. Bondarko i dr.: Akustičeskie charakteristiki bezudarnosti (*Strukturnaja tipologija jazykov*). M. 1966

L. V. Bondarko: *Fonetičeskoe opisanie jazyka i fonetičeskoe opisanie reči.* Leningrad 1981

P. Boyer: *L'accentuation du verbe russe.* Paris 1945

E. A. Bryzgunova: O smyslorazličitel'nych vozmožnostjach russkoj intonacii (*Vosprosy jazykoznanija 4*). M. 1971, 42–52

E. A. Bryzgunova: *Praktičeskaja fonetika i intonacija russkogo jazyka.* M. 1963

E. A. Bryzgunova: *Zvuki i intonacija russkoj reči. Lingafonnyj kurs dlja inostrancev.* M. 1969

L. A. Bulachovskij: *Istoričeskij kommentarij k russkomu literaturnomu jazyku.* Pjatoe, dopoln. i pererab. izdanie. Kiev 1958

L. A. Bulachovskij: *Russkij literaturnyj jazyk pervoj poloviny XIX veka.* Zweite verbess. Aufl. M. 1954

T. G. Chazagerov: *Razvitie tipov udarenija v sisteme russkogo imennogo sklonenija.* M. 1973

T. G. Chazagerov: Udarenie kak sredstvo differenciacii grammatičeskich form (*Voprosy jazykoznanija 4*). M. 1973, 98–108

H. S. Coats: *Wordstressassignment in a generativ grammar of Russian.* Univ. of Illinois 1970

E. Daum – W. Schenk: *Die russischen Verben.* 3. Aufl. Leipzig 1964

G. Davydoff – P. Pauliat: *Précis d'accentuation russe.* Paris 1959

Die russische Sprache der Gegenwart. I. Phonetik und Phonologie. II. Morphologie. Hgg. von einem Redaktionsrat unter Leitung von Prof. Dr. Kurt Gabka. Leipzig 1974–76

V. A. Dybo: Akcentologija i slovoobrazovanie v slavjanskom (*Slavjanskoe jazykoznanie. VI meždunarodnyj s'ezd slavistov. Doklady sovetskoj delegacii*). M. 1968, 148–223

A. I. El'sin: *Pravila udarenija v russkom jazyke.* Varšava 1890

O. von Essen: *Allgemeine und angewandte Phonetik.* Berlin 1953

N. A. Fedjanina: *Udarenie v sovremennom russkom jazyke.* M. 1976

P. Garde: *Histoire de l'accentuation slave* I–II. Paris 1976

P. Garde: Le paradigme accentuel oxyton est-il slave commun (*Communications. VIIe Congrès internat. des slavistes*). Paris 1973, 159–171

P. Garde: L'évolution de l'accent russe: quelques tendances (*Cahiers de linguistique, d'orientalisme et de slavistique,* 3–4). Aix-en-Provence 1974, 71–92

B. Gasparov: On Sentence Prosody Change in Contemporary Russian (*Estonian Papers in Phonetics*). Tallinn 1978, 27–30

E. L. Ginzburg: K funkcional'noj charakteristike prosodii (*Issledovanija po fonologii*). M. 1966

E. L. Ginzburg: Udarenie morfemy (*Fonetika, fonologija, grammatika*). M. 1971, 106–112

I. I. Goleniščev-Kutuzov: Slovorazdel v russkom stichosloženii (*Voprosy jazykoznanija 4*). M. 1959, 20–34

K. S. Gorbačevič: Fonetičeskie predposylki nekotorych akcentologičeskich izmenenij v sovremennom russkom jazyke (*Voprosy jazykoznanija 6*). M. 1975, 46–54

K. S. Gorbačevič: *Variantnost' slova i jazykovaja norma. Na materijale sovremennogo russkogo jazyka.* L. 1978

Grammatika russkogo jazyka I. Akad. d. Wiss. M. 1953

Grammatika sovremennogo russkogo literaturnogo jazyka. Akad. d. Wiss. M. 1970

A. N. Gvozdev: *Sovremennyj russkij literaturnyj jazyk I. Fonetika i morfologija.* M. 1958

W. S. Hamilton: *Introduction to Russian Phonology and Word Structure.* Columbus-Ohio 1980

H. Hartmann: *Studien über die Betonung der Adjektiva im Russischen.* Leipzig 1936

W. v. Humboldt: Über das vergleichende Sprachstudium in Beziehung auf die verschiedenen Epochen der Sprachentwicklung [1820]. (*Schriften.* Ausgewählt und eingeleitet von Walter Flemmer. München 1964, 322–341).

V. M. Illič-Svitič: *Imennaja akcentuacija v baltijskom i slavjanskom. Sud'ba akcentuacionnych paradigm.* M. 1963

A. V. Isačenko: *Die russische Sprache der Gegenwart. I. Formenlehre.* Halle 1962

G. I. Ivanova-Lukjanova: O ritme prozy (*Razvitie fonetiki sovremennogo russkogo jazyka. Fonologičeskie podsistemy*). M. 1971, 128–147

R. Jakobson: Opyt fonologičeskogo podchoda k istoričeskim voprosam slavjanskoj akcentologii (*American Contributions to the Fifth Internat. Congress of Slavists I.*). The Hague 1963, 153–178

V. Kiparsky: *Der Wortakzent der russischen Schriftsprache.* Heidelberg 1962

V. Kiparsky: Zur Betonung der russischen Verben auf -it' (*Symbolae in honorem G. Y. Shevelov*). München 1971, 224–230

Z. Koiransky: *Neues Russisch-Deutsches Taschenwörterbuch.* Leipzig 1888

V. V. Kolesov: *Istorija russkogo udarenija. Imennaja akcentuacija v drevnerusskom jazyke.* L. 1972

I. I. Kovtunova: *Sovremennyj russkij jazyk. Porjadok slov i aktual'noe členenie predloženija.* M. 1976

I. Kunert: Morphologisierungstendenzen des russischen Wortakzents (*Slavistische Studien zum VI. Internationalen Slavistenkongreß in Prag*). München 1968, 69–74

I. Kunert: *Veränderungsprozesse und Entwicklungstendenzen im heutigen Russisch.* Wiesbaden 1968

J. Kuryłowicz: *Indogermanische Grammatik II. Akzent, Ablaut.* Heidelberg 1968

J. Kuryłowicz: *L'accentuation des langues indo-européennes.* Wrocław-Kraków 1958

Ju. G. Lebedeva: *Zvuki, udarenie, intonacija. Učebnoe posobie po fonetike russkogo jazyka dlja inostrancev.* M. 1975

N. A. Matveeva: Udarenie v glagolach v sovremennom russkom jazyke (*Russkij jazyk za rubežom 1*). M. 1967, 42–49

H. Mohr: Intonation im Russischen (*Hamburger Beiträge für Russischlehrer 2*). Hamburg 1967, 29–34

R. Nachtigall: *Akzentbewegung in der russischen Formen- und Wortbildung I. Substantiva auf Konsonanten.* Heidelberg 1922

J. G. Nicholson: *Russian Normative Stress Notation.* Montreal 1968

V. A. Nikonov: Mesto udarenija v russkom slove (*International Journal of Slavic Linguistics and Poetics VI*). The Hague 1963, 4–5

E. Nonnenmacher-Pribić: *Die baltoslavischen Akzent- und Intonationsverhältnisse und ihr quantitativer Reflex im Slovakischen.* Wiesbaden 1961

Novye slova i značenija. Slovar' – spravočnik po materijalam pressy i literatury 60-ch godov. Red. N. Z. Kotelovoj – Ju. S. Sorokina. M. 1971

Obratnyj slovar' russkogo jazyka. Sov. Énc. M. 1974

M. Olechnowicz: *Akcent rosyjski.* Wrocław 1977

Z. F. Oliverius: Dinamika, ritm i melodija russkogo jazyka (*Russkij jazyk 17*). Praha 1966

S. I. Ožegov: *Slovar' russkogo jazyka.* M. 1960

M. V. Panov: O razgraničitel'nych signalach v jazyke (*Voprosy jazykoznanija 1*). M. 1961, 3–19

M. V. Panov: *Sovremennyj russkij jazyk. Fonetika.* M. 1979

Razvitie slovoobrazovanija sovremennogo russkogo jazyka. Pod red. E. A. Zemskoj i D. N. Šmeleva. M. 1966

Razvitie sovremennogo russkogo jazyka 1972. Slovoobrazovanie. Členimost' slova. Red. E. A. Zemskaja. M. 1975

V. A. Red'kin: *Akcentologija sovremennogo russkogo literaturnogo jazyka. Posobie dlja učitelej.* M. 1971

V. A. Redkin: Postroenie razdela „Morfologija" (*Osnovy postroenija opisatel'noj grammatiki sovremennogo russkogo literaturnogo jazyka*). Red. N. Ju. Švedova. M. 1966, 7–49

P. Rehder: Verfahrensweisen der Beschreibung des Rhythmus künstlerischer Prosatexte (*Referate und Beiträge zum VIII. Internat. Slavistenkongreß Zagreb 1978*). München 1978, 127–148

Russisch-Deutsches Wörterbuch. Redakt. H. H. Bielfeldt. 10. unver. Aufl. Berlin 1973

Russisch-Deutsches Wörterbuch. 2. verb. Aufl. Langenscheidt Berlin 1961

Russkaja grammatika. I. Fonetika, fonologija, udarenie, intonacija, slovoobrazovanie, morfologija. M. 1980

Russkaja razgovornaja reč. Pod red. E. A. Zemskoj. M. 1973

Russkij jazyk po dannym massovogo obsledovanija. Pod red. L. P. Krysina. M. 1974

L. Sadnik: *Slavische Akzentuation I. Vorhistorische Zeit.* Wiesbaden 1959

J. Schütz: Zur Komparation des russischen Adjektivs (*Russischunterricht* VI). Berlin 1953, 445–448

G. A. Šeljuto: *Russkoe udarenie. Posobie dlja studentov-filologov zaočnych otdelenij.* Užgorod 1962

Slovar' russkogo jazyka I–IV. M. 1957–61

Slovar' sinonimov. Spravočnoe posobie. Red. A. P. Evgen'eva. 1976

Slovar' sovremennogo russkogo literaturnogo jazyka I–XVII. M.-L. 1950–65

Sovremennyj russkij jazyk. Morfologija. Pod redakciej V. V. Vinogradova. M. 1952

Ch. Stang: *Slavonic Accentuation.* Oslo 1957

A. V. Superanskaja: *Udarenie v zaimstvovannych slovach v sovremennom russkom jazyke.* M. 1968

E. Tauscher – E. G. Kirschbaum: *Grammatik der russischen Sprache.* Berlin 1958

Tolkovyj slovar' russkogo jazyka. D. N. Ušakova. M. 1935–40

P. Trost: Funktion des Wortakzents (*Travaux linguistiques de Prague 1*). Praha 1964, 125–128

N. S. Trubetzkoy: *Gründzüge der Phonologie.* [Nachdr. 6. Aufl. 1977]. Prag 1939

B. O. Unbegaun: *Russische Grammatik.* Göttingen 1966

V. A. Vinogradov: O ravnovesii i kompensacii na prosodičeskom urovne (*Fonologičeskij sbornik*). Doneck 1968

Voprosy fonetiki i obučenie proiznošenija. Pod red. A. A. Leont'eva. M. 1975

V. L. Voroncova: O normach udarenija v glagolach na -it' v sovremennom russkom literaturnom jazyke (*Voprosy kul'tury reči 2*). M. 1959

V. L. Voroncova: O tendencijach razvitija sovremennogo russkogo literaturnogo udarenija (*Russkij jazyk v nacional'noj škole 4*). M. 1968

A. Vostokov: *Russkaja grammatika Aleksandra Vostokova*, po načertaniju ego že Sokraščennoj Gramatiki polnee izložennaja. S. Peterburg 1831

E. Wiede: *Phonologie und Artikulationsweise im Russischen und Deutschen. Eine konfrontierende Darstellung.* Leipzig 1981

N. van Wijk: *Die baltischen und die slavischen Akzent- und Intonationssysteme.* s'Gravenhage 1958

A. A. Zaliznjak: *Grammatičeskij slovar' russkogo jazyka. Slovoizmenenie.* M. 1977

A. A. Zaliznjak: *Klassifikacija i sintez imennych paradigm sovremennogo russkogo jazyka.* Avtoreferat kand. filolog. nauk. M. 1965, 21 S.

A. A. Zaliznjak: *Russkoe imennoe slovoizmenenie.* M. 1967

A. A. Zaliznjak: Udarenie v sovremennom russkom sklonenii (*Russkij jazyk v nacional'noj škole 3*). M. 1963, 7–23

A. A. Zaliznjak: „Uslovnoe udarenie" v russkom slovoizmenenii (*Voprosy jazykoznanija 1*). M. 1969, 14–29

A. A. Zaliznjak: Zakonomernosti akcentuacii russkich odnosložnych suščestvitel'nych mužskogo roda (*Problemy teoretičeskoj i eksperimental'noj lingvistiki.* Red. V. A. Zveginceva). M. 1977, 71–119

ABKÜRZUNGEN:

N = Nominativ	Pl	= Plural
A = Akkusativ	pf oder v	= perfektiv
G = Genitiv	ipf oder uv	= imperfektiv
D = Dativ	liter.	= literarisch
I = Instrumental	vulg.	= vulgär
P = Präpositiv	anat.	= anatomisch
Sg = Singular	mediz.	= medizinisch

I. TEIL

PROBLEMATIK UND CHARAKTERISTIK
DES AKZENTS IM RUSSISCHEN

1. Paradigmatischer Charakter des Akzents im Russischen

Die eigentliche und andauernde Schwierigkeit des Russischen § 1
ist für jeden Lernenden die Variabilität seines Wortakzents. Der
beiläufig vergleichende Hinweis auf andere lebende Schulspra-
chen unseres Umkreises mag hierbei genügen. Sie stellen in
akzentueller Hinsicht bei weitem nicht eine solche mnemo-
nische Lernanforderung. Trotz dieser allgemein anzuerkennen-
den Erfahrung tragen die methodischen Hilfsmittel (z. B. Lehr-
bücher, insbesondere Lehrbücher von russischen Verfassern für
Ausländer, Grammatiken, sogar manche Wörterbücher) dieser
Tatsache in nur völlig unzureichender Weise Rechnung.

Der angedeuteten Problematik sieht sich aber nicht nur der
fremde Anfänger gegenüber. Auch den Muttersprachler über-
kommen zuweilen Zweifel und eine Unsicherheit. Entsprechend
sind die normativen Empfehlungen für ihn im Bereich des
Akzents an Zahl sehr beachtlich; sie tolerieren außerdem ein
schwankendes Verhalten in nicht unbeträchtlichem Ausmaß. Es
ist aber nur wenig tröstlich für den Lernenden, selbst aus kompe-
tentem Munde zu hören, daß „auch Personen, deren Mutter-
sprache das Russische ist", bei „wenig gebräuchlichen und neu
angeeigneten Wörtern oft (Akzent-)Fehler machen"[1].

Mit noch nüchternerem Geständnis wird natürlich die
Schwierigkeit, die der Betonung des Russischen innewohnt,
bezüglich des Nichtrussen gesehen: „Die Möglichkeit zum Feh-
ler in der Akzentstelle ist beim Nicht-Muttersprachler bedeu-

---

[1] R. I. Avanesov: *Udarenie*, 1958, S. 20. Vgl. auch die allgemeinen
Auslassungen über den Akzent im Russischen in *Russkaja grammatika* I.
1980, 90–95.

tend größer $\langle\ldots\rangle$, weil es keine Regeln gibt, die erklärten, wann der Akzent auf der ersten Wortsilbe ruht, wann auf der zweiten usw."[2].

Die methodologische Seite des umrissenen Problems ist damit jedoch keineswegs erhellt; auch dann nicht, wenn konstatierend festgehalten wird: Angesichts des freien Akzents und der innerhalb des Paradigmas wechselnden Akzentstelle „ist es nötig, das Wort zu kennen"[3], dessen Kasus (Form) mit der richtigen Betonung zu versehen ist.

Mit diesen Einsichten wird nicht mehr und nicht weniger gefordert als die vollkommene akzentuelle Beherrschung aller Formen eines jeden beliebigen Wortes, das gerade gelernt wird. Das heißt aber, daß der Akzent einer Vokabel und ihrer Formen paradigmatisch mitzulernen ist[4].

§ 2   Die berechtigte Forderung der vollständigen akzentuellen Beherrschung begreift ein zu akzentuierendes Wort (Form) nicht als isolierte Vokabel. Vielmehr geht diese Erwartung stillschweigend davon aus, daß das Akzentparadigma eine eigenständige Größe innerhalb von Flexion und Konjugation darstellt. Es ist daher zu erwarten, daß die Akzentparadigmen die vom Genus geprägten Substantivdeklinationen (und ebensolches trifft für die Konjugationstypen, Wortbildungsmuster u. ä. zu) als eigene Gebilde überlagern und auf ihre Weise gliedern. Dies wiederum ist an die Bedingung gekoppelt, daß der Akzent einer Vokabel, für den „es keine Regeln gibt", nach denen er gelernt werden

---

[2] Ebenda S. 20.

[3] Ebenda S. 20; vgl. auch die schweifende Aussage: „Von großer Wichtigkeit für die Erlernung des Russischen ist die Kenntnis der Lokalisierungsverhältnisse der Akzentsilben in der Gesamtheit der phonetischen Wörter, denen durchweg eine akzentuierte Silbe eigen ist", *Die russ. Sprache der Gegenwart I*, 1974, S. 107.

[4] Vgl. A. A. Zaliznjak: „Uslovnoe udarenie", 1969, 14–29, der darüber Klage führt, daß den Akzentparadigmen „im wissenschaftlichen Schrifttum unvergleichlich weniger Aufmerksamkeit zuteil wird" als den Deklinationsmustern, und daß im Schulbetrieb der Sowjetunion der Begriff „akcentuacionnaja paradigma" fehlt (S. 29). – Um ein Bild davon zu gewinnen, was hier beklagt wird, genügt es, die vierzig Textzeilen zu lesen über „Die Betonung in der Deklination der Substantiva" von N. S. Pospelov in *Sovremennyj russkij jazyk*, 1952, 78.

könnte, doch über gewisse, wiederkehrende Regelmäßigkeiten verfügt und nicht der Willkür unterliegt[5].

Seine Behandlung in Grammatiken und Lehrbüchern ist nicht notwendigerweise ausgespart oder zumeist dürftig, und seine bisweilen chiffrierte Charakterisierung im Lexikon ist sicher nur ein Behelf, obschon ein unbefriedigender. Zur Akzentbeherrschung trägt der in manchem Lexikon praktizierte Chiffremechanismus nur bei reichlicher Benützung des Nachschlagewerkes und bei Einprägung des jeweils praktizierten Chiffresystems bei. Die Bereitschaft dazu ist aber bei kaum einem Lernenden vorhanden, da die besagten Chiffresysteme keinerlei einsichtige Begründung je erfahren haben. Die widerliche Abneigung gegen die Benützung des Lexikons wegen des mühseligen Auffindens der Betonung in ihm wird auf diese Weise nur noch gesteigert. Macht man sich dies klar, dann ist der Einsicht der Weg gebahnt: Die sichere Aneignung der Akzentparadigmen (z. B. der Substantive, der Verbformen u. ä.) erfordert eine systematisch differenziertere methodische und lerntechnische Konzeption als die herkömmliche Vermittlung der morphologischen Paradigmatik. In völliger Verkennung der Gewichte wird landläufig vorwiegend dieser die Schwierigkeit des Russischen zugeschrieben und methodisch entsprechend verfahren. Echte Schwierigkeiten bereiten dagegen weit weniger die morphologischen Paradigmen (Flexions- und Konjugationsformen, Wortbildungstypen) als vielmehr die Akzentparadigmen. Die pädagogischen und die didaktischen Konsequenzen sind aus dieser Erfahrungstatsache bislang aber nicht gezogen worden.

Die traditionellen Gebiete des fremdsprachlichen Unterrichts § 3 – Phonetik und Phonemik, Wortbildung, Morphologie und Syntax – bedürfen dringend der Ergänzung durch eine systemgerechte Darstellung der sie überlagernden prosodischen Strukturen. Die im Russischen relevanten prosodischen Phänomene

---

[5] Es ist gewiß in jeglicher Hinsicht unbefriedigend, von einem „Chaos" bezüglich der Probleme des russischen Akzents zu sprechen, so I. Kunert: *Veränderungsprozesse*, 1968, 84; ähnlich I. Kunert: Morphologisierungstendenzen, 1968, 69. Dagegen auch N. A. Fedjanina: *Udarenie*, 1976, 3 und 15: „Die Beweglichkeit der russischen Betonung ist weder chaotisch noch unbeschränkt".

(Intonation, Rhythmus, Akzent) sind aber nur unzulänglich erforscht. Die Beschreibung des ganzheitlichen Phänomens des besonderen Tonverlaufs des Gesprochenen (Intonationskonstruktionen) im Russischen in Abhängigkeit von den grundlegenden sprachlichen Kommunikationsweisen wie Mitteilung (Behauptung und Verneinung), Frage, Aufforderung und Verwunderung steckt noch in den ersten Anfängen[6] einer normativen didaktisch orientierten Beschreibung.

An Untersuchungen des spezifischen (Sprach)-Rhythmus des Russischen ist Nennenswertes nur in Aufsatzform zu zitieren[7].

Die slawistischen Akzentstudien, seit langem wegen ihrer Bedeutung für die Indogermanistik als „Akzentologie" etabliert, dienen vornehmlich dem innerslawischen und dem außerslawischen historisch vergleichenden Anliegen. Die Literatur darüber ist ansehnlich und der wissenschaftliche Ertrag beachtlich[8]. Die historisch-vergleichende Methode dieser Arbeiten erschwert indes überaus deren Nutzanwendung durch den Praktiker. Die zu anderem Zweck unternommene Zustandsbeschreibung, kombiniert mit vergleichend gewonnenen hypothetischen Vorstufen, und die demgemäß getroffene Systematisierung läßt diese Arbeiten nicht selten als für die lebendige Praxis (und zumal für den Anfänger) unbrauchbar erscheinen. Diese Bemühungen insge-

---

[6] Vgl. etwa E. A. Bryzgunova: *Zvuki*, 1969; E. A. Bryzgunova: *Praktičeskaja fonetika*, 1963; H. Mohr: Intonation, 1967, 29–34; Ju. G. Lebedeva: *Zvuki*, 1975. – Gut systematisiert in *Die russische Sprache der Gegenwart I*. 1974, 175–198; *Russkaja grammatika* I. 1980, 96–122.

[7] G. I. Ivanova-Lukjanova: O ritme prozy, 1971, 128–147; I. N. Goleniščev-Kutuzov: Slovorazdel, 1959, 20–34; I. I. Kovtunova: *Porjadok slov*, 1976 (bes. Kap. V); P. Rehder: Verfahrensweisen der Beschreibung d. Rhythmus künstlerischer Prosatexte, 1978, 127–148. *Russkaja grammatika* I. 1980 kennt den Begriff 'Rhythmus' im Bereich der suprasegmentalen sprachlichen Phänomene nicht. Der Ausdruck „Redetempo" (temp reči, z.B. S. 96, 121) ist dem Anliegen nicht vollends adäquat.

[8] Beispielsweise seien an neueren Arbeiten hierzu genannt: V. V. Kolesov: *Istorija*, 1972; V. M. Illič-Svitič: *Imennaja akcentuacija*, 1963; R. Jakobson: Opyt, 1963, 153–178; E. Nonnenmacher-Pribić: *Akzent- und Intonationsverhältnisse*, 1961; L. Sadnik: *Slavische Akzentuation*, 1959; J. Kuryłowicz: *L'accentuation*, 1958; J. Kuryłowicz: *Indogermanische Grammatik*, 1968; N. van Wijk: *Akzent- und Intonationssysteme*, 1958; Ch. Stang: *Slavonic Accentuation*, 1957; H. Hartmann: *Studien*, 1936; R. Nachtigall: *Akzentbewegung*, 1922.

samt waren nicht darauf ausgerichtet, den paradigmatischen Charakter des gegenwärtigen russischen Akzents lernbar darzustellen.

2. Bisherige Systematisierungsversuche

Auch die rein beschreibenden akzentologischen Systematisie- §4 rungsversuche im Rahmen der wissenschaftlichen und der praktischen russischen Grammatiken stecken vielfach noch in methodologischen Anfängen[9]. Ein Zitat kennzeichnet das Dilemma gewiß zutreffend: „Es haben sich meist nur solche Russen mit dem Akzent beschäftigt, die mit Fremdstämmigen zu tun hatten ⟨...⟩. Es sollten 120 Jahre vergehen, bevor sich die russische Akademie der Wissenschaften entschloß, eine der Vostokovschen[10] entsprechende normative Grammatik mit Betonungstabellen herauszugeben. Erst seit 1950 ging man an die Stabilisierung des russischen Wortakzents heran[11], und es erwies sich, daß er sich im Laufe der letzten hundert, ja sogar 50 Jahre gewaltig verändert hatte"[12]. Zum richtigen Verständnis dieser zutreffenden Situationsbeschreibung muß ergänzend vermerkt werden, daß die hier zitierte Akademiegrammatik allerdings keine Betonungstabellen enthält. Sie gruppiert und ordnet wahlweise Vokabeln gleichen Betonungstyps bei der Darstellung morphologischer Paradigmen, faßt diese zusammen und versieht sie mit wechselnder Charakterisierung, ohne ein auch nur beiläufiges Bemühen um Vollständigkeit oder um eine eigentlich akzentologische Systematik.

Fragt man nach dem unmittelbar pädagogisch umzusetzen- §5 den Ergebnis der gewiß alles Bisherige in den Schatten stellen-

---

[9] Vgl. B. O. Unbegaun: *Russische Grammatik*, 1966, 23 f., 39; E. Tauscher – E. G. Kirschbaum: *Grammatik*, 1958. E. Berneker – M. Vasmer: *Russische Grammatik*, 1947, 17 f. u. v. a. m. Auf die Unzulänglichkeiten der Lehrbücher in dieser Hinsicht ist im einzelnen gar nicht einzugehen.

[10] A. Vostokov: *Russkaja grammatika*, 1831.

[11] Hier wird Bezug genommen auf *Grammatika russkogo jazyka*, 1953. Vgl. außerdem R. I. Avanesov – S. I. Ožegov: *Russkoe literaturnoe udarenie*, 1955, 578 S.

[12] V. Kiparsky: *Der Wortakzent*, 1962, 8; siehe L. A. Bulachovskij: *Russkij literaturnyj jazyk pervoj poloviny XIX veka*. 1954, 141–254.

den, fundierten und abgerundeten Abhandlung von V. Kiparsky, so sagt er selbst: „Die nochmalige Bestätigung der altbekannten 'Dreiteiligkeit' des slawischen Betonungssystems – feste Stammbetonung, feste Endbetonung, bewegliche Betonung – ist natürlich ein wichtiges Ergebnis, aber kein eigentliches Novum ⟨. . .⟩. Ein Novum ist dagegen der Nachweis des relativ jungen Alters des heutigen Betonungssystems der russischen Substantiva: die Maskulina und Feminina haben nämlich die alte Dreiteiligkeit durch je sechs neue Typen ersetzt ⟨. . .⟩"[13].

Hier ist nicht nur der entschieden historisch ausgerichtete Blickwinkel des Verfassers mit Händen zu greifen, sondern es bleibt zudem die ganze Subtilität der Problematik und ihre Erörterung dem methodischen Bannkreis der Tradition verhaftet. Dennoch will Kiparsky einen „Leitfaden und Nachschlagewerk für künftige Russisten" vorlegen, wiewohl er sich „in erster Linie mit der historischen Entwicklung des russischen Wortakzents"[14] befaßt. Die methodologische Verstrickung ist daher kaum zu vermeiden gewesen. Sein historisch orientiertes Interesse kommt einer Beschreibung mit erkennbar pädagogischem Zweckanliegen in nur ganz bescheidenem Umfang entgegen. Dies ist insofern der Fall, als sich im Bestreben nach Vollständigkeit gesammelte und geordnete Beispielgruppen gleichbleiben. Doch muß sich die pädagogisch-praktische Systematisierung und Beschreibung der im heutigen Russisch relevanten Akzentparadigmen freimachen von jedweder historischen, entwicklungsgeschichtlichen und vergleichenden Blickrichtung. Sie muß insbesondere die Kriterien ihrer Systematisierung in einer den gegenwärtigen Gegebenheiten funktional adäquaten Weise herausstellen, ergründen und einsichtig machen. Und sie darf sich methodisch-systematisch nicht durch Zufälligkeiten leiten lassen, so daß etwa ein kritischer Akzenttyp einfach deshalb „Typ b" heißt, weil das erste Wort dieser Gruppe mit b anlautet (nämlich блохá *Floh*).

§ 6 In Gestalt von chiffrierter Systematisierung kennen die gebräuchlichen zweisprachigen Wörterbücher (z. B. Bielfeldt[15],

---

[13] Ebenda S. 363.

[14] Ebenda Vorwort S. 5.

[15] *Russisch-Deutsches Wörterbuch*. Redaktion von H. H. Bielfeldt. 10. unveränd. Auflage. Berlin 1973. 14., durchges. A. 1982.

Langenscheidt[16]) akzentuelle Muster, auf die bei den Vokabeln (Lemmata) verwiesen wird. Die bei H. H. Bielfeldt verzeichneten Akzentmuster, genannt „Akzenttypen der Substantiv-Deklination", erfahren keinen begründeten Kommentar, warum sie so und nicht anders angeordnet sind. Die dort aufgereihten „Akzenttypen" verraten nichts davon, was sie so bedingt und konstituiert (mit Buchstaben versehen), wie sie dargeboten werden. Dem Lernprozeß wird hier der kritische Nachvollzug etwaiger Motivierung oder einer inneren, vorgegebenen Ordnung rundweg vorenthalten.

Akzenttypen der Substantiv-Deklination (von H. H. Bielfeldt)

Typ	*Sg.*	*Pl.*
Ohne Markierung	alle Kasus wie N. я́щик, -а bei flüchtigem *o, e* wie G. молото́к, молотка́	wie Sg. я́щики, -ов молотки́, молотко́в
b	alle Kasus wie N. са́д, -а	endbetont сады́, -о́в
c	alle Kaus wie N. лицо́, -а́ долото́, -а́	um eine Silbe zum Wortanfang verschoben ли́ца, лиц долота, долот
f	alle Kasus wie N. ко́лос, -а	um eine Silbe zum Wortende verschoben коло́сья, -ьев
g	alle Kasus wie N. но́вость, -и	endbetont, nur N. (A.) wie Sg. но́вости, новосте́й
h	alle Kasus wie N. губа́, -ы́	wie Sg., nur N. (A.) um eine Silbe zum Wortanfang verschoben гу́бы, губ, -а́м
a	alle Kasus wie N. nur A. erste Silbe рука́, -й ру́ку	wie N. Sg., nur N. (A.) erste Silbe ру́ки, рук, рука́м
e	alle Kasus endbetont стол, -а́	wie Sg. столы́, -о́в

Ist man versucht, die Sache nicht als zufällig hinzunehmen, dann drängt sich einem nach einigem Rätseln die merkwürdige Einsicht auf: In einer dem Akzent und seiner Dominanz über das

---

[16] *Russisch-Deutsches Wörterbuch.* 2. verbesserte Aufl. Berlin 1961. 15. A. 1983.

lautlich-morphologische Gebilde 'Wort' entsprechenden Weise werden Wortanfang und Wortende (vgl. z. B. den Terminus „endbetont") bemüht; sodann wird aber wortakzentologisch inadäquat von der „Verschiebung um eine Silbe" gehandelt; schließlich wird ein bestimmter Kasus zum Prototyp erhoben, (im Sg. z. B. der Nominativ), der aber dann für den Plural wiederum zumeist untypisch ist. Die Erfahrung, daß diese „Regeln" nicht beherrscht werden, bedarf keiner Beweisführung und keiner weit hergeholten Begründung. Sie ist eine evidente Folge von dieserart begrifflich verworrenen Kriterien zum Zweck einer erforderlich klaren Systematisierung.

§ 7   Die morphologischen und syllabischen Momente vermögen gewiß selbst mit ihrer Einbettung in die Numeruskategorie nicht das zu leisten, wozu sie bemüht werden. Und da die Terminologie schon angesichts der wechselnden Systematisierungskriterien unstet und zudem irreführend ist, haben sich Ungenauigkeiten auch dort eingenistet, wo die sonst terminologisch schillernden Begriffe ausnahmsweise akzentologisch verwendbar sind. So heißt es richtig vom Paradigma стол: „Alle Kasus endbetont". Während gleiches auch für die Vokabel молото́к gilt, erscheint sie aber nun selbst wiederum wegen einer akzentologisch irrelevanten Besonderheit (sog. flüchtiges o) als eigenes Paradigma; sie steht zudem in einer Rubrik mit einem akzentologischen Oppositum (я́щик), was die Willkür dieser Systematisierung vollauf bezeugt. Denn, so die Endbetonung ein akzentologisches Klassifikationsmerkmal ist (was für стол geltend gemacht wird), fällt darunter auch das Beispiel молото́к. Es kann daher sinnvollerweise nicht mit dem nichtendbetonten Paradigma я́щик zusammen rubriziert werden, denn das beiden gemeinsame Merkmal der Unverrückbarkeit der Akzentstelle (fester Akzent) ist akzentologisch unpräzis, weil es als solches nicht hinreichend diakritisch im Sinne von Unterschied kennzeichnend ist (s. § 16).

Die Anerkennung der Prärogative morphologischer Merkmale (Silbenzahl, Vokalalternation, u. ä.) dort, wo es um Fragen des (Wort-)Akzents geht, könnte nur hingenommen werden, wenn die Dominanz der morphologischen Struktur über die besondere Spezifik der prosodischen (Akzent-)Struktur des Russischen grundsätzlich als erwiesen gälte. Davon aber kann keine Rede sein, denn die prosodischen Phänomene (Akzent, Rhythmus und ebenso Intonation) sind ganzheitlicher Natur und suprasegmental[17]. Daher ist die Frage berechtigt: Ist denn die Bündelung von lautlichen, syllabischen und grammatischen Merkmalen zum maßgeblichen akzentologischen Systematisierungskriterium der Funktion des Akzents überhaupt adäquat? Und weiter ist zu fragen: Wodurch empfehlen sich denn die „Akzenttypen" gerade in dieser (alphabetischen) Abfolge wie im Schema H. H. Bielfeldts? Darauf wird zurückzukommen sein, und die Antwort auf beide Fragen wird angesichts der Unmotiviertheit der Kriterien negativ ausfallen. Die Verquickung von solch heterogenen Merkmalen zu Systematisierungskriterien wird sich als dem russischen Akzentanliegen unangemessen erweisen (s. §§ 11.12).

Es ist vorab Umschau danach zu halten, seit wann Akzenttyp- § 8 angaben in zweisprachigen Wörterbüchern überhaupt erfolgen, und ob diese jemals irgendwo in ihrer Art methodologisch als dem System innewohnend erwiesen oder sonstwie einsichtig begründet worden sind.

Als ältester Zeuge in dieser Sache findet sich ein 1888 erschienenes „Neues Deutsch-Russisches und Russisch-Deutsches Taschenwörterbuch"[18]. Darin heißt es:

> „Die russische Silbenbetonung, welche wenig festen Regeln folgt und in der Deklination bzw. Konjugation vielfachem Wechsel unterworfen ist, bietet dem Lernenden sehr große Schwierigkeiten. Es soll deshalb in unserem Wörterbuche die *Akzentuierung* zum ersten Male *vollkommene* Berücksichtigung erfahren.
>
> Die Akzentuierung des *Substantivs*, des *Präsens* (Futur) und *Präteritums der Zeitwörter* wird durch *Zeichen* (Buchstaben bzw. Ziffern), welche den betreffenden Wörtern beigegeben sind, im

---

[17] M. V. Panov: O razgraničitel'nych signalach v jazyke (in: *Voprosy jazykoznanija* Nr. 1, 1961, 3–19).

[18] Der vollständige Titel lautet: *Novyj nemecko-russkij i russko-nemeckij karmannyj slovar'* sostavlennyj d-rom Z. Kojranskim, prepodavatelem russkogo jazyka pri Voennoj Akademii v Mjunchene. II čast' russko-nemeckaja. – *Neues Deutsch-Russisches und Russisch-Deutsches Taschenwörterbuch* von Dr. Z. Koiransky Dozent der russischen Sprache a. d. kgl. b. Kriegsakademie München. II. Russisch-Deutscher Teil. Leipzig, Bernhard Tauchnitz, 1888, XVI + 439 S. (Kursiv im folgenden Zitat aus dem Original.)

Wörterbuche selbst angedeutet. Für die Akzentuierung der anderen Verbalformen (des Imperativs und der Partizipien), sowie des Adjektivs geben wir weiter unten einige feste Regeln an."

Akzenttypen der Substantiv-Deklination (von Z. Koiransky)

„Beim Substantiv werden, mit Ausnahme des Falles, wo der Akzent im Singular und Plural ganz unverändert bleibt, die sieben anderen Wechselfälle des Akzents durch die Buchstaben [a], [b], [c], [d], [e], [f] und [g] angegeben, welche bedeuten:

[a] daß der Akzent durchweg auf den Kasusendungen ruht, z. B.
Sing. стол, -лá, -лý, -лóм, -лé
Pl.   столы́, -лóв, -лáм, -лáми, -лáх

[b] daß der Akzent im Singular unverändert bleibt, im Plural dagegen auf die Kasusendungen gesetzt wird, z. B.
Sing. вéчер, -ра, -ру, -ром, -ре
Pl.   вечерá, -рóв, -рáм, -рáми, -рáх

[c] daß der Akzent im ganzen Singular und Nominativ Pluralis unverändert bleibt, dagegen in den übrigen Kasus des Plurals auf die Kasusendung übergeht, z. B.
Sing. вор, -ра, -ру, -ром, -ре
Pl.   вóры, -рóв, -рáм, -рáми, -рáх

[d] daß der Akzent im Singular auf den Kasusendungen ruht, dagegen im Plural auf die Silbe vor der Kasusendung übergeht, z. B.
Sing. селó, -лá, -лý, -лóм, -лé
Pl.   сёла, сёл, сёлам, сёлами, сёлах

[e] daß der Akzent durchweg auf den Kasusendungen ruht, mit Ausnahme des Nominativs Pluralis, der ihn auf die erste Silbe setzt, z. B.
Sing. овцá, -цы́, -цé, -цý, -цóй, -цé
Pl.   óвцы, овéц, овцáм, овцáми, овцáх[19]

[f] daß der Akzent mit Ausnahme des Akkusativs Singularis und des Nominativs Pluralis, welche ihn auf die erste Silbe setzen, durchweg auf den Kasusendungen steht, z. B.
Sing. бородá, -ды́, -дé, бóроду, -дóй, -дé
Pl.   бóроды, -рóд, -дáм, -дáми, -дáх

[g] daß der Akzent sonst unverändert bleibt, nur im Präpositiv Singularis nach den Präpositionen в und на auf die Endung übergeht, z. B. мел — на мелú.

---

[19] Nach gegenwärtig geltender Regel wäre hier als Beispiel губá am Platze; das des Verfassers gilt heute als veraltet.

Z. Koiransky[20] verbürgt uns die vollkommene Berücksichtigung der Akzentuierung „zum ersten Male". Er muß daher als derjenige Wörterbuch-Verfasser im deutschen Sprachraum gelten, der sich als erster anschickte, das komplizierte Akzentsystem des Russischen zu systematisieren im Bemühen, es faßlich und lernbar darzustellen.

Selbst bei flüchtigem Vergleich mit dem Vorgehen im Wörterbuch von H. H. Bielfeldt geben sich gravierende Unterschiede in den Rubriken (Typen) zu erkennen. Die Differenzen könnten mit Blick auf die sachliche Motivierung der Abweichungen und ihrer Charakteristik durchaus Gegenstand einer lehrreichen Analyse über Fortschritt oder Stagnation des methodischen Ringens in diesem Bereich sein.

Von allen bisherigen Akzentdarstellungen wesentlich unterschieden verfährt V. A. Red'kin[21], der sich rundheraus zur Aufgabe machte, „das System der russischen Betonung darzustellen". Dieser Arbeit verdankt unsere Darstellung außer reichem Beispielmaterial auch wesentliche Anregung zu methodischen Vorüberlegungen. Die enge Berührung mit der Konzeption von §9

[20] Dem Bayerischen Hauptstaatsarchiv sage ich Dank an dieser Stelle für die freundliche Auskunft vom 15. Januar 1973: „Unser Archiv verwahrt tatsächlich den Personalakt des seinerzeit an der königlich bayerischen Kriegsakademie als russischer Sprachlehrer tätig gewesenen Dr. Zacharias Koiransky ⟨. . .⟩. Der zu Beginn des Studienjahres 1873/74 am 1. November 1873 als ‚Zivillehrer' an die Kriegsakademie berufene Russe wurde ⟨. . .⟩ im Jahre 1836 in Wilna/Rußland geboren und verstarb am 22. 6. 1913 in München."

[21] *Akcentologija*, 1971, 223. Die nach dieser durchaus praktikablen Darstellung erschienenen Werke A. A. Zaliznjak, *Grammatičeskij slovar'* (1977, 31) und AN SSSR *Russkaja grammatika* I (1980, 512) verfahren methodisch grundsätzlich nicht anders bis hinab in die Rubrizierung. Diese erscheint somit auch dort als apodiktisch, weil die Merkmalhaftigkeit der Endbetonung im Russischen unerkannt geblieben ist (vgl. hier §§ 22, 23 und 24). Die phonetisch-morphologische Überfrachtung einzelner Akzenttypen bei Zaliznjak, vgl. sein „Betonungsschema b" (d. h. das substantivische Akzentparadigma mit Endbetonung im Sg. und Pl.) mit sieben akzentuell irrelevanten Exempla ist didaktisch impraktikabel (ib. S. 40). Die neue Akademie-Grammatik läßt Auskunft Suchende im Stich mit Rubriken, deren Inhalt sich in folgendem erschöpft: „Alle Wörter mit dem Stamm auf /ož/ orthographisch -ёж: чертёж". „Alle Wörter mit dem Stamm auf betonten Vokal plus /č/: калáч, кирпúч" (514).

V. A. Red'kin ergibt sich allein schon aus dem gleichen grund-
sätzlichen Anliegen: das Akzentsystem des schriftsprachlichen
Russisch lehr- und lernbar zu machen. Das hier dargebotene
Unterfangen ist in dieser eingrenzenden pädagogischen und
didaktischen Zielsetzung durchaus neu. Es stellt an den, der für
Nicht-Muttersprachler systematisiert, andersgeartete und wohl
auch schwierigere methodologische Anforderungen und Vor-
überlegungen, denen es zu genügen gilt.

Keinen methodologischen Fortschritt bedeutet dagegen das
Buch von N. A. Fedjanina[22], das in seinem Vorwort verspricht:
„In diesem Buch werden Betonungsregeln formuliert, die es
gestatten, die Akzentstellen einer beliebigen Form eines Wortes
in Abhängigkeit von seiner morphologischen Charakteristik zu
bestimmen". Ganz unpolemisch ist man versucht zu fragen: Was
hat sich denn an der morphologischen Charakteristik von овцá
(u. a. m.) im Verlauf von hundert Jahren verändert, daß es nun-
mehr einem anderen Akzentparadigma zugehört als früher? Fer-
ner: Wieso ist die akzentuelle Opposition der beiden ASg мукý
Mehl und мýку *Pein* in Abhängigkeit von deren morphologischer
Charakteristik bestimmbar? Das gegebene Versprechen der
Autorin ist nicht einzulösen, und dem steht auch die unwiderleg-
bare Feststellung V. Kiparskys entgegen: „Es erwies sich, daß
sich der russische Wortakzent im Laufe der letzten hundert, ja
sogar fünfzig Jahre gewaltig verändert hat" (1962, 8). Das aber
kann nicht in Abhängigkeit von der morphologischen Charakte-
ristik, die doch in diesen und anderen Fällen unverändert geblie-
ben ist, geschehen sein. Die Autorin vermag denn auch nicht
ihrer theoretischen Behauptung praktisch zu genügen.

[22] *Udarenie 1976.* Ähnliches zuvor im *Obratnyj slovar' russkogo
jazyka*, 1974, Vorwort S. 6: „Das Rückläufige Wörterbuch bietet größere
Möglichkeiten für das Studium der Betonung des Russischen, insbeson-
dere für deren Zusammenhänge mit dem morphologischen oder phone-
mischen Bestand eines Wortes". – Das die akzentuellen Gegebenheiten
offensichtlich in Vollständigkeit beschreibende Werk von A. A. Zaliz-
njak, *Grammatičeskij slovar'* M. 1977 hat mir bei der Abfassung dieses
Abrisses nicht vorgelegen. Die nachträgliche Bekanntschaft damit
bestärkt mich in der durch Erfahrung gewonnenen Überzeugung, daß
Praktikabilität und Erlernbarkeit das primäre Kriterium für den Nicht-
Muttersprachler im Bereich der Akzentregeln ist und bleibt. Das ge-
nannte Werk trägt dem nicht Rechnung und strebte dergleichen auch
nicht an.

3. Praktikabilität und paradigmatische Systematik

Es gilt der Grundsatz unumwunden: Die pädagogische und § 10
die didaktische Praktikabilität eines paradigmatischen Akzentsy-
stems ist der Gradmesser seiner methodischen Sinnhaftigkeit.
Was wegen seiner komplizierten Systematik (auch wenn diese
theoretisch begründet und sachlich gerechtfertigt ist) dem prak-
tischen Erlernen intellektuell und mnemonisch nicht dienstbar
gemacht werden kann, nährt berechtigten Zweifel an seiner
didaktischen Relevanz. Jedes theoretisch vollkommen beschrie-
bene System muß sich, falls es impraktikabel erscheint, eine
sinnvolle, sachlich und methodisch vertretbare Reduktion auf
das aktiv Erlern- und Wißbare gefallen lassen. Auf diesem Wege
allein kann eine thematisch schwierige, jedoch systemgerechte
Beschreibung eine brauchbare und nützliche Lernhilfe sein. Die
wissenschaftliche Grundlegung der geforderten Lernhilfe muß
überschaubar und in ihrer adäquaten Systemimmanenz einsich-
tig und nachvollziehbar sein. Solche Lernhilfen liegen bisher auf
dem Gebiet der russischen Akzentologie für Deutsche nicht vor.

Diese Feststellung kann auf eine eingehende Kritik der her- § 11
ausgestellten Akzenttypen in dem weithin verbreiteten Wörter-
buch von H. H. Bielfeldt nicht verzichten. Sie ist am einfachsten
zu führen unter drei Prämissen: (1) Dem russischen Akzentwe-
sen eignet trotz allen Schwierigkeiten eine innere Ordnung (was
nur selten angezweifelt wird); (2) Die Kriterien zur Erhellung
und Darstellung dieser systemgerechten Ordnung müssen termi-
nologisch dem suprasegmentalen Charakter des Akzents Rech-
nung tragen; (3) Das von der deskriptiven und strukturalen Lin-
guistik herausgestellte Moment der Merkmalhaftigkeit sprachli-
cher Phänomene (Prozesse) muß auch in der Akzentlehre als
prävalierend anerkannt werden.

Diese drei Prämissen sind in ihrem ersten Punkt sicher § 12
unstrittig, denn jeglicher Versuch einer beschreibenden Syste-
matisierung des russischen Akzents ist letztlich Ausdruck des
Ringens nach Erfassung einer vermuteten (inneren) Ordnung[23].

---

[23] Es kann nicht unsere Aufgabe sein zu polemisieren gegen L. A.
Bulachovskij: *Istoričeskij kommentarij*, 1958, 255: „Die Betonung der rus-
sischen Literatursprache erweckt einen ausgesprochen launischen Ein-

Dies bekundet selbst die sinnwidrigste oder dilletantischste Klassifizierung ebenso wie die bloße Rubrizierung oder Erwähnung von besonderen, wiederkehrenden akzentuellen Gegebenheiten.

(1) Gewiß zu bemängeln ist im Rahmen einer terminologischen Kohärenz die schon als traditionell zu bezeichnende Manier, die Silben eines Wortes in zählender Weise (vom Wortanfang oder vom Wortende) als Kriterium für die Bestimmung (Angabe) der Akzentstelle hervorzukehren, und sei es auch nur als sekundäres Prinzip im Rahmen ihrer Wechselhaftigkeit. Der Akzent im Russischen ist ein ganzheitliches Phänomen des Wortes, und seine Stelle ist zu beschreiben oder anzugeben von der Warte der Größe 'Wort'. Hierbei bieten sich als jederzeit eindeutig identifizierbar Wortende und Wortanfang an. (Über den Vorrang des Kriteriums 'Wortende' als dem merkmalhaften im Gegenüber zum Kriterium 'Wortanfang' s. §§ 23.24.). Dagegen ist die Redeweise, die darauf aus ist festzustellen, „wann der Akzent auf der ersten Silbe ruht, wann auf der zweiten usw." ganz gewiß an anderen Sprachen als der russischen orientiert (vgl. z.B. Tschechisch, Polnisch, Französisch, Latein, Griechisch).

(2) Alles andere als klar ist auch der Gebrauch von „stammbetont" oder „nichtstammbetont" in einer deskriptiven Abhandlung über die Gegenwartssprache. Vielfach sind sich die Verfasser ihrer heterogenen Terminologie und ihrer mißverständlichen Redeweise gar nicht bewußt. So liest man folgendes, das den derzeitigen und bekannten Zustand einhellig bestätigt: „Bei der Beschreibung der Betonung (Akzent) unterscheiden die Russisten gewöhnlich Wörter mit abgeleiteten und mit nichtabgeleiteten Stämmen sowie Wörter mit bestimmten Suffixen; sie unterteilen den Akzent in einen stammbetonten und einen endbetonten ⟨. . .⟩. Das ist einer der möglichen Zugänge zur Beschreibung des Akzents ⟨. . .⟩, wobei nach der Bestimmung von

druck, betrachtet man sie außerhalb ihrer Geschichte". – Natürlich muß eine sinnvolle Beschreibung des gegenwärtigen russischen Akzentsystems möglich sein, ohne daß es dabei zu Verquickungen mit Geschichtlichem kommt, zumal doch das „eigentlich historische Material ⟨. . .⟩ gewöhnlich nicht genügend überzeugende Fakten hergibt für die Erklärung einer Reihe von eigenartigen Tatsachen" (L. A. Bulachovskij, a.a.O., 255). Siehe auch hier Fußnote 5.

Stamm- bzw. Endbetonung nicht angegeben werden kann, auf welche Silbe des Stammes oder der Endung derselbe kommt"[24].

Man wird im Vorgriff schon hier anmerken müssen, daß 'Endbetonung' (топо́р, золото́й) ganz gewiß ein eindeutig bestimmbares Kriterium ist, was sicher nicht ebenso von der Stamm- oder Suffixbetonung gesagt werden kann (vgl. топо́рик-топори́ще und зо́лото-позоло́та, u.ä.). Wenn schließlich sogar herausgefunden worden ist, „die russische Betonung tendiere zur Wortmitte hin"[25], dann bedarf die Unangemessenheit der Termini und die Instabilität der Bestimmungskriterien, die ihrerseits ein stabilisiertes Phänomen anzugeben hätten, keinerlei weiterer kritischer Anmerkungen mehr.

(3) Was schließlich das Moment der Merkmalhaftigkeit und der Produktivität im Bereich des russischen Akzentsystems betrifft, so ist jeglicher Ordnungsversuch auch daran zu orientieren. Wenn also beispielsweise das Wörterbuch von H. H. Bielfeldt bei seiner Systematisierung die Buchstaben *a b c e f g h* bemüht, so hätte es angestanden, an diese Abfolge (der Buchstabe *d* fehlt darin) als vorgegebenes Ordnungsprinzip die 'Akzenttypen' gemäß ihrer Merkmalhaftigkeit oder ihrer Produktivität (im Sinne von wiederkehrender Möglichkeit von Neubildungen nach bestimmten Akzentmustern, nach zahlenmäßiger Häufigkeit u.ä.) aufzureihen[26]. Der an vorletzter Stelle dort

---

[24] A. V. Superanskaja: *Udarenie*, 1968, 19 f. – Mangelhafte, inkonsequente Systematik und verworrener, inkohärenter Sprachgebrauch zeichnet auch die grundlegenden Informationen über den Akzent aus in *Russkaja grammatika* I. 1980, bes. §§ 144.145. Man vgl. auch bei der reihenden Kennzeichnung des Inventars eines Akzenttyps den Sprachgebrauch (ib. § 1236): „Wörter mit flüchtigem Vokal ⟨. . .⟩"; „Wörter mit dem Stamm auf /ec/ ⟨. . .⟩" „Wörter mit dem Stamm auf 'weichen' Konsonanten oder Zischlaut plus /ák/ /úk/, orthographisch -я́к, -а́к, -ю́к, -ý́к und auf /ik/ ⟨. . .⟩".

[25] V. A. Nikonov: Mesto udarenija, 1963, 4–5; K. S. Gorbačevič: Fonetičeskie predposylki, 1975, 48 f. – Es führt nicht weiter und läßt auch keine Regel erkennen, wenn erklärt wird: „Es ist unwichtig, auf welche Silbe vom Wortanfang oder Wortende die Betonung fällt ⟨. . .⟩. Wichtig ist, auf was für ein Morphem die Betonung fällt" (*Grammatika*, 1970, 425–26).

[26] Vgl. dortselbst die Reihung *b c f g h a e*, die wie die sie repräsentierenden 'Akzenttypen' als Beispiele unergründlich bleibt.

genannte 'Akzenttyp' *a* (рукá) kehrt in dreizehn Beispielen wieder. Das mit acht Vokabeln vertretene Akzentparadigma водá wird dagegen in der Übersicht überhaupt nicht erfaßt. Auf anderes Einzelnes wie auch Grundsätzliches, da sich allein aus dem Vergleich mit der Systematisierung von Z. Koiransky ergibt, ist hier nicht einzugehen.

Die Kritik will sich nicht in Details verlieren. Es soll vielmehr bewußtgemacht werden, daß in den bisherigen Systematisierungen elementare Ordnungsprinzipien nicht zur Geltung gekommen sind, weil es an einer systemadäquaten Konzeption und einer methodologisch einsichtigen Grundlegung überhaupt fehlte.

4. Akzent — ein gliederndes Kennzeichen des Wortes.
Seine Eigenart und Funktion

§ 13   In der Umschreibung dessen, was der Akzent im Russischen darstellt und bewirkt, herrscht weithin Übereinstimmung. Die gegebenen Charakterisierungen unterscheiden sich nur unwesentlich. Hier sei Avanesov stellvertretend für viele zitiert: „⟨. . .⟩ jedes selbständige Wort hat eine Betonung (Akzent) und nur eine. Dieser Tatbestand gestattet es, die Betonung (Akzent) für ein grundlegendes äußeres Kennzeichen eines selbständigen Wortes zu erachten"[27].

„Die wechselnde Stelle der Betonung (Akzent) macht sie im Russischen zu einem individuellen Kennzeichen eines jeden für sich genommenen Wortes. Die Akzentstelle als Kennzeichen eines Wortes nimmt Bezug auf den Bereich der Lexik, auf die Mittel, die zur Differenzierung von Wörtern dienen"[28].

Diese maßgeblichen Äußerungen beschreiben einen Zirkel, denn zum einen hat „jedes selbständige Wort einen Akzent",

---

[27] Avanesov: *a.a.O.* S. 10. – Vgl. die Definition: „Udarenie – èto priznak znamenatel'nogo slova v celom", *Russkaja grammatika* I, 1980, 90.

[28] Ebenda S. 18. – Vgl. demgegenüber W. v. Humboldt: Über das vergleichende Sprachstudium, 1820: „Der Mensch besitzt die Kraft, diese Gebiete zu teilen, geistig durch Reflexion, körperlich durch Artikulation, und ihre Teile wieder zu verbinden, geistig durch die Synthesis des Verstandes, körperlich durch den Akzent, welcher die Silben zum Worte und die Worte zur Rede vereint".

zum anderen ist „der Akzent ein grundlegendes äußeres Kennzeichen eines selbständigen Wortes". Mit einer anderen Formulierung läßt sich das Gemeinte in der Weise wiedergeben, daß es der Sinn (Bedeutung) ist, der ein eigenständiges Wort konstituiert, dessen „äußeres Kennzeichen" 'Akzent' diese Sinneigenständigkeit mitträgt oder gar bedingt.

Nun ist es kaum eine Frage, daß der Akzent als ein ganzheitliches Phänomen des Gebildes 'Wort' auch „körperlich", im Rahmen der artikulatorisch-phonetischen Struktur charakterisiert oder gar definiert werden kann. Unter diesem lautphysiologischen Blickwinkel gliedert der Akzent eine Lautfolge, das Sinngebilde (Wort), im Russischen in der Weise, daß eine Silbe die übrigen durch ihre kulminativ dynamische Hervorhebung überragt[29]. Entscheidend ist hierbei das Merkmal der Gegliedertheit, in die der Akzent qualitativ und quantitativ abstufend einwirkt, ja diese überhaupt bewirkt. Dabei stehen einsilbige Wörter nicht außerhalb dieser Gegliedertheit, und sie bedürfen folglich keiner Sonderbehandlung (s. §§ 22.23.). Die die Opposition zur kulminativ dynamischen Hervorhebung bildende unbetonte Silbe ist bei einsilbigen Wörtern gemäß dem binären Prinzip negativ mitgesetzt. Die die akzentuierte Silbe umgebende Pause fungiert als negatives Glied im Verhältnis zum dominanten Kontrast der akzentuierten Silbe. Es ist diese Relation verwandt dem zéro-Problem der Morphologie (жёны gegenüber жён∅, стол∅ zu столá), emporgehoben auf die suprasegmentale Ebene des prosodischen Phänomens Akzent. Die funktionale Eigenart des russischen (Wort-)Akzents ist mithin intersyllabisch kontrastierend.

§ 14

---

[29] *Grammatika*, 1953, 89; V. A. Red'kin: *Akcentologija*, 5: „Betonung nennt man in der russischen Sprache die dynamische Hervorhebung einer Silbe innerhalb eines mehrsilbigen Wortes". – *Die russische Sprache der Gegenwart*. Leipzig 1974, 106: „Vielmehr muß der russische Wortakzent als quantitativ-dynamischer Akzent klassifiziert werden, bei dem die Hervorhebung der betonten Silbe primär durch die Vergrößerung ihrer Quantität erfolgt". – Vgl. auch I. A. Baudouin de Courtenay: *Izbrannye trudy* II, 1963, 142: „In der russischen Sprache . . sollte nicht von einer Silbenbetonung, sondern von der Betonung von Morphemen gesprochen werden". Demgegenüber heißt es bei S. B. Bernštejn: Vvedenie 1968, 51: „Es gibt keine betonten und unbetonten Morpheme, doch gibt es akzentuierte und nichtakzentuierte Silben".

Der Akzent manifestiert den dynamisch relevanten Gegensatz
der Silben untereinander in ihrer Hinordung auf den kulminati-
ven Gipfel und in Abhängigkeit von diesem. Der Akzent ist das
wortdominante suprasegmentale Gliederungsmerkmal, das die
segmentalen Einheiten (Phoneme, Phonembindung, Anschluß)
akustisch wechselseitig in ihrer Abstufung hinordnet und daher
entscheidend mitprägt (s. § 17).

§ 15   Dem Umstand, daß das Russische den freien Akzent[30] kennt
(vgl. z.B. die morphologisch völlig gleichartige Charakteristik
der zwar stilistisch und regional differenzierten dreisilbigen
Gebilde wie кислина́ *Säure*, дупли́на *Loch*, пу́хлина *Schwel-
lung*) und der Tatsache seines (möglichen) Wechsels (Beweglich-
keit) im Paradigma (рука́:ру́ку, руки́:ру́ки) verdankt es einer-
seits (zuweilen) die Nutzung mit semantischer Relevanz, ande-
rerseits (manchmal) bloß die Unterscheidung grammatischer

---

[30] Man vergleiche die von V. Kiparsky: *a.a.O.* S. 7 hierzu aufgeführ-
ten Beispiele:
Akzent auf der letzten Silbe: известняка́ *des Kalksteins*
Akzent auf der vorletzten Silbe: пастернака́ *der Pastinake*
Akzent auf der drittletzten Silbe: коро́бочка *Schachtel*
Akzent auf der viertletzten: челове́ческого *des menschlichen*
auf der fünftletzten: безмо́лвствующему *dem schweigenden*
auf der sechstletzten: всеми́лостивейшему *dem allergnädigsten*
auf der siebentletzten: воспи́тывающемуся *dem Zögling*
auf der achtletzten: вы́кристаллизовавшимся *den herauskristalli-
sierten*
auf der neuntletzten: вы́кристаллизовавшемуся *dem herauskristalli-
sierten.*
(Als längstes Wort im Russischen gilt das zwölfsilbige Epitheton in:
неблагорассмотри́тельствующееся дело 'ein gutachterlich nicht
wohlwollend behandeltes Werk').
Es ist unpräzis und unzulässig vereinfachend zu sagen, daß „für die
mehrsilbigen, besonders mit Hilfe von Suffixen gebildeten und deutlich
als Ableitungen empfundenen Substantive solche Akzentregeln in jeder
Schulgrammatik zu finden sind" (*a.a.O.* S. 97). Es mag der Hinweis auf
das Nebeneinander von ри́млянин — лати́нянин — парижа́нин —
граждани́н — *Römer-Lateiner-Pariser-Bürger* genügen, die allesamt mit
dem Suffix -*'anin* gebildet sind, um die Problematik, die diese Behaup-
tung glättet, zu belegen.

Funktionen[31]. In diesem Sinne lassen sich Wortpaare mit inter-
syllabischen Kontrasten bei sonst annähernd bis fast gleichem
Klangbild (und völliger graphischer Identität) aufzeigen.

I. Es sind *verschiedene Bedeutungen* mit der kontrastierenden
Funktion der Akzentstelle gekoppelt. Der Akzent konstitu-
iert Sinnträger:

пари́ть *schweben*	па́рить *baden* (Dampf-badestube)
выкупа́ть ipf. *loskaufen*	вы́купать pf. *baden*
атла́с *Stoff*	а́тлас *Atlas*
кружки́ Pl. (кружо́к) *Kreis*	кру́жки Pl. (кру́жка) *Krug*
муку́ ASg. *Mehl* (мука́)	му́ку ASg. *Qual* (му́ка)

II. Durch die kontrastierende Funktion der Akzentstelle sind
lediglich *Formen eines Paradigmas* (auch Aspektpaare) ge-
schieden:

учителя́ NPl. *die Lehrer*	учи́теля GASg. *des/den Lehrer*
вина́ GSg. *des Weines*	ви́на NAPl. *die Weine*
отреза́ть ipf. *abschneiden*	отре́зать pf. *abschneiden*
узнаю́ ipf. *erkenne, erfahre*	узна́ю pf. *erkenne, erfahre*

III. Formen *verschiedener Wortarten* samt Bedeutungen werden
durch die kontrastierende Funktion der Akzentstelle ausein-
andergehalten. Die Leistung ist daher sowohl semantisch
als auch grammatisch:

---

[31] Die Einschränkung „zuweilen" und „manchmal" ist durch fol-
gende Abstufungsreihe gerechtfertigt:
　a) Im Paar му́ка *Pein* – мука́ *Mehl* ist die Akzentstelle fraglos se-
　　mantisch distingierend;
　b) im Paar облегчи́ть dial. – облегчи́ть *erleichtern* ist ersteres mund-
　　artlich und kann stilistisch fungieren;
　c) im Paar и́наче neben ина́че *anders, sonst* sind beide völlig gleich-
　　wertig;
　d) im „Paar" голова́ *Kopf* – *goló va (bzw. *gó lova) sind die Akzente
　　der Sternchenformen schlichtweg das Kriterium von Inkompe-
　　tenz.

жилá *sie lebte* жи́ла *Ader*
пищá Adv. Ptzp. пищáть пи́ща *Nahrung*
  piepen
пищý 1. Pers. Präs. *zische* пи́щу ASg. *Nahrung, Speise*
маши́на *Maschine* Мáшина (Мáша) *Mascha*
  gehörig

An der funktionalen Relevanz der Akzentstelle im Russischen ist nicht zu zweifeln. Sie ist gegründet auf das gliedernde Prinzip der dynamischen kontrastiven Dominanz[32] und überlappt sich als suprasegmentales Phänomen mithin mit Funktionen, die üblicherweise den Phonemen als distinktiven (Segment-)Einheiten zukommen[33]. Den Akzent indes in dieser seiner Rolle „phonematisch" zu nennen, ist nicht irrig, aber doch eine nur partielle und vergleichsweise Kennzeichnung seiner Leistung. Sie stiftet nicht nur terminologische Unklarheit[34].

[32] Vgl. O. von Essen: *Allgemeine und angewandte Phonetik*, 1953, 125. (5., neubearb. u. erw. Aufl. 1979). – Vgl. die als phonetische Varianten umschriebenen „Homographien" im Anhang zu O. S. Achmanova: *Slovar' omonimov*, 1974, 436 ff.

[33] „Ein typisches Beispiel suprasegmentaler phonologischer Einheiten ist der Akzent", und „Betontheit enthüllt sich phonologisch allein in einer Phonemreihe", M. V. Panov: O razgraničitel'nych signalach, 1961, Nr. 1, 7; „Zu den morphonologischen Mitteln der russischen Sprache gehören die Betonung . . .", V. A. Red'kin: Postroenie razdela, 1966, 7–49.

[34] Vgl. Avanesov: *Udarenie*, 1958, 37: „Besonders groß ist die Rolle der Betonung als phonologisches Mittel, wenn diese frei und beweglich ist wie im Russischen".

Die mancherorts (Avanesov: *a.a.O.*; G. Davydoff – P. Pauliat: *Précis*, 1959, 76–78; *Die russ. Sprache der Gegenwart*, 1974, 108) als Akzentkontraste genannten Beispiele wie

дóма Adv. *zu Hause* – домá *Häuser*
пóтом ISg. *Schweiß* – потóм *danach*
óкна NPl. *Fenster* – окнá GSg.
мóю *wasche* – мою́ Akk. *meine*
гóловы NPl. *Kopf* – головы́ GSg.
гóрода GSg. *Stadt* – городá NPl.
жёны NPl. *Frau* – жены́ GSg.
стёкла NPl. *Glas* – стеклá Prät. стечь *abfließen*
зáмок *Schloß, Burg* – замóк *Vorhängeschloß*
полóтнище *(Stoff-)Breite, Bahn* – полотни́ще *grobe Leinwand*
знáком ISg. *Zeichen* – знакóм *bekannt*

sind primär und eigentlich phonemisch distinktiv: (pótəm) – (p\textsubscript{ʌ}tóm), (óknə) – (ʌknó), (žóni̯) – (žini̯) usw.

5. Relevante, konstituierende Momente des (Wort-)Akzents und (Wort-)Rhythmus

Gegenüber der Herausstellung der vergleichsweise „sekundär § 16 phonologischen", weil vielmehr morphologisch-suprasegmentalen Relevanz der Akzentstelle im Russischen als Folge ihres intersyllabisch motivierten Kontrastes ist jede andere Charakterisierung des Akzents im Russischen vom Standpunkt seiner Leistung weit weniger belangvoll[35]. Dies gilt gewiß für den Hinweis auf das Vorhandensein von nur (in der Regel) einer akzentuierten Silbe im Wort ebenso wie für die übliche Kennzeichnung des russischen Akzents durch das akustisch qualifizierende Merkmal „expiratorisch" u. ä. (Auch die traditionelle Verknüpfung mit dem Moment der Silbenanzahl ist nicht konstituierend, sondern resultierend in dem Sinne, daß der Vergleich mehrsilbiger Wörter untereinander den freien Akzent des Russischen und seine Beweglichkeit im Paradigma erkennen und illustrieren läßt.)

Die schlichte Erfahrung lehrt, daß ein falsch akzentuiertes § 17 Wort entweder gar nicht verstanden wird oder ein Mißverständnis bewirkt, auf jeden Fall aber den Gesprächspartner provoziert. Die geradezu automatisch zu nennende Reaktion des Muttersprachlers auf den Akzentfehler ist die spontane Berichtigung der gehörten Fehlleistung. Ein Verstoß gegen die lautliche (orthoepische) oder auch morphologische Norm wird der Beobachtung zufolge seltener so spontan berichtigt. Dies läßt sich so deuten, daß der Hörer den Kontrast zwischen akzentuierter und nichtakzentuierter Silbe als prävalierend wahrnimmt im Vergleich zum Verstoß wider die Stimmtonkorrelation, das Akanje u. ä. Das relevante, konstituierende Moment gebietet in seiner Aufnahme durch den Hörer vernehmliche Eindeutigkeit. Daher ist jede Korrektur des Akzentfehlers durch den Muttersprachler schlichtweg die Wiederherstellung der charakteristischen Dominanz gerade der akzentuierten Silbe.

Der dynamische Charakter des russischen Akzents trägt und prägt die Ebene der segmentalen Einheiten (Phoneme). Dem dynamischen Moment[36] wird die relative Abstufung in Dauer

---

[35] Vgl. beispielsweise A. N. Gvozdev: *Sovremennyj*, 1958, 169 f.
[36] Vgl. V. A. Red'kin: *a.a.O.* 1971, 5.

und Timbre benachbarter vokalischer Segmente verdankt; ebenso ihre Hinordnung und Abhängigkeit von der gemeinsamen (Wort-)Akzentstelle: /gərʌdá/ NAPl. городá gegenüber /górədə/ GSg рóрода gegenüber /górət/ рóрод. Die wechselnde lautliche (phonemische und allophone) Differenzierung der segmentalen Einheiten in Abhängigkeit von der Akzentstelle ist evident: die bewirkte Kontrastierung ist die distinktiv phonologische Relevanz der suprasegmentalen Funktion des Akzents[37].

§ 18   Eine nur unzureichend erforschte Folge dieser ordnend abgestuften Hervorbringung eines sinnhaften Lautstromes (Wortartikulation), der durch einen dynamischen Gipfel zur Einheit gefügt ist, ist der Rhythmus der funktionalen Einheiten im Russischen. Rhythmus meint hier die Anschlußarteigenschaften[38] der segmentalen Einheiten (phonologischen Elemente) untereinander.

Das Beispiel verdeutlicht hier das Gemeinte durch die für jedes Ohr nachprüfbare Differenz in der Aussprache von курóрт /kur‿órt/ und Kúrort /kúrˀort/. Sie wird zunächst als ein akzentueller Gegensatz registriert. Dahinter verbirgt sich aber ein artikulatorischer, gliedernder Vorgang von eigentlich charakterisierender Eigenart: durch die Verlegung der Akzentstelle überspielt und glättet das Russische den fürs Deutsche merkmalhaften festen (harten) Vokaleinsatz[39]. Während dieser im Deutschen abgrenzende Funktion[40] hat, wird die Einebnung und Neutralisierung dieses faktischen deutschen Grenzsignals als für das Russische (und seine morphematische Gliederung des Gebildes) irrelevant bewirkt. Der feste (harte) Vokaleinsatz wird als ein mit der artikulatorischen Eigenart des Russischen im Widerspruch

---

[37] Es ist evident, daß die gängige Unterscheidung zwischen „betontem" und „unbetontem" Vokalismus sowie der gesamte Komplex orthoepischer Fragen im Bereich des Vokalismus hierin gründet. Vgl. damit *Russkaja grammatika* I. 1980, 92: „Vom grammatischen Gesichtspunkt aus ist das wesentliche Kennzeichen der Betonung deren Bezug zur morphologischen Gliederung des Wortes".

[38] Vgl. N. S. Trubetzkoy: *Grundzüge der Phonologie*, [Nachdr. 6. Aufl. 1977] 1939, 194ff.; Z. F. Oliverius: Dinamika, ritm i melodija russkogo jazyka (*Russkij jazyk 17*). Praha 1966.

[39] Vgl. O. von Essen: *Allgemeine und angewandte Phonetik*, 1953, 12f., 34ff. 43.

[40] N. S. Trubetzkoy: *Grundzüge*, 1939, 29.

stehendes Phänomen beseitigt und als nichtusuell getilgt /kur-
‿órt/. Was sich an Beispielen des festen Einsatzes (vokalischer
Anlaut bzw. Inlaut) darlegen und von jedermann kontrollieren
läßt, gilt schlechthin für entlehnte Komposita (und fremde
Gebilde, die als solche neu, d.h. anders gegliedert werden):
/kur‿zál/ gegenüber /kú:rza:l/.

Dieser anschließende Vorgang auf der Ebene der (phonemi-
schen) Segmente hat seine Rückwirkung auf das suprasegmen-
tale Phänomen des Rhythmus. Phänomenologisch ist es eigent-
lich ein Gegensatz im Rhythmus als Folge der konträren Art der
Verknüpfung (Anschluß) der phonologischen Einheiten, der zwi-
schen /kúrʔort/ und /kur‿órt/ aufscheint und sich in den diffe-
renten Akzentstellen vordergründig und gleichsam suprase-
mental manifestiert. Die akzentuierte Silbe erfordert die ver-
nehmlich größte Gespanntheit der Artikulation[41] und wirkt
dynamisch neutralisierend auf die übrigen, nichtakzentuierten
Silben im Russischen.

Die der Akzentstelle im Russischen vorausgehende Silbe bil- § 19
det eindeutig das Oppositionsglied zur größten Gespanntheit der
Artikulation bei der Realisierung der akzentuierten Silbe. Dies
ist wohl auch die eigentliche russisch innersprachliche Motivie-
rung der gegensätzlichen Betonungsweise bei Entlehnungen wie
форштáт : Vorstadt, шлагбáум : Schlagbaum, вундеркúнд :
Wunderkind, флигельмáн : Flügelmann, аксельбáнт : Achsel-
band, ebenso in der gleichwertenden Behandlung des Suffixes
(-schaft) in брудершáфт : Bruderschaft u.a.m.[42].

---

[41] Avanesov: *Udarenie*, 1958, 10; Vgl. über rhythmisch-silbische
Gebilde im Russischen schlechthin und ihre Dienstbarkeit in Vers und
Prosa bei I. N. Goleniščev-Kutuzov: Slovorazdel, 1959, 20–34; ferner
P. Rehder: Verfahrensweisen der Beschreibung des Rhythmus 1978.

[42] Die Auszählung der Komposita bei A. V. Superanskaja: *Udarenie*,
1968, ergab bezüglich der Akzentstelle folgende Relation: Typus аксель-
бáнт ca. 75 Vokabeln, Typus áйсберг ca. 11 Wörter (meist Termini der
Gelehrtensprache), Typus бóлвéрк ca. 12 Wörter (mit schwankender
bzw. fakultativer Akzentstelle). – Die Verfasserin hat nicht den sich auf-
drängenden Schluß hinsichtlich der Verlegung der Akzentstelle als
Folge einer andersartigen rhythmischen Verknüpfung von Morphemen
gezogen. Und es ist schlechthin unzutreffend und systemwidrig zu
sagen, das Lehnwort stelle sich insgemein den Russen als ein „ungeglie-
derter Stamm" dar, Superanskaja, *a.a.O.* 23.

Das analytisch-rhythmische Verständnis für diese Gebilde
ebnet auch den Weg zur adäquaten Interpretation der Tatsache,
daß das sporadische Auftreten einer sog. Nebendruckstelle im
Russischen stets vor der eigentlichen Akzentstelle nachzuweisen
ist und auch nur dort auftreten kann. Bei „längeren" Zusammen-
setzungen findet noch die Zerlegung statt, die sich im „Nebenak-
zent" kundtut: самолётостроéние *Flugzeugbau*, чёрносморó-
диновое (варéнье) *Schwarzjohannisbeer-*, дáльневостóчный
fernöstlicher u. ä.[43]. Das Phänomen „Nebenakzent" manifestiert
zuallererst eine sekundär gegliederte Größe mit partieller rhyth-
mischer Selbständigkeit. Der auch phonetische Gegensatz
zwischen восьмилéтний /vəs'm'il'étn'ij/ und восьмилéтний
/vʌs'm'il'étn'ij/ ist auf der Ebene des Wortes der eines Komposi-
tums im Gegenüber zu einer Zusammenrückung. Daß es das
rhythmische Gliederungsprinzip ist, das also den „Nebenakzent"
erfordert und bedingt, wird an Gebilden wie мòссовéт, пàртак-
тúв u. ä. deutlich; sie verhalten sich ebenso wie лèйб-гвáрдия,
жàр-птúца u. ä.

§ 20   „Bislang sind nicht einmal die allgemeinen Gesetzmäßigkei-
ten klar, die auf den Rhythmus des Russischen wirken"[44]. Dieser
Feststellung kann nur teils widersprochen werden. Andererseits
aber ist ebenso unzweifelhaft, daß курóрт im Vergleich zu *Kurort*
nicht einfach negativ zu beschreiben ist als das Fehlen der dem
Deutschen eigentümlichen Artikulation mit festem (hartem)
Vokaleinsatz. Für das Russische geht es nicht um das Moment
des (Vokal-)Einsatzes, sondern um die ihm eigene Art der (Pho-
nem-)Anschlüsse. Die Kriterien, die hierbei den Sachverhalt zu
verdeutlichen in der Lage sein dürften, sind der gleitende (im
Russischen) bzw. der nichtgleitende (im Deutschen) Phoneman-
schluß.

---

[43] Vgl. bei Avanesov, *a.a.O.* 1958, 46–59, das reichhaltige Beispielma-
terial. – *Russkaja grammatika* I. 1980, § 139.
[44] So Superanskaja: *a.a.O.* 1968, 29; dagegen G. N. Ivanova-Lukja-
nova: O ritme prozy (1971): „Der Rhythmus wird durch das Zusammen-
wirken dreier Elemente konstituiert: Betonung, Pause und Intonation";
P. Rehder: Verfahrensweisen der Beschreibung des Rhythmus 1978,
136f.; B. Gasparov: On Sentence Prosody Change in Contemporary Rus-
sian, 1978, 27ff.

Das Beispiel hilft auch hier weiter. Das Gliederpaar (Dativ der
weiblichen Personennamen) Ки́ре: к Йре hat die phonemisch-
rhythmische Anschlußgestalt von /k'ír'ı/ zu /kʔír'ı/, die in der
expiratorisch differenten Realisierung der Phonemsegmentie-
rung der erforderlichen Sinnunterscheidung Rechnung tragen:
Das sinnunterscheidende Kriterium ist hierbei die „Pause" als
Folge der Aufhebung des gleitenden Phonemanschlusses. Pho-
nologisch relevant ist nicht das artikulatorische Merkmal /kı/
(mit der „abweichenden" Phonemfolge), sondern merkmalhaft
ist an diesem Phonemsegment die Aufhebung der gleitenden
Phonemverbindung /k'í/, also der andersgeartete, nichtgleitende
Phonemanschluß /kʔı/. Der Gegensatz, herkömmlich Grenz-
signal genannt, ist rhythmischer Natur, und der Rhythmus ist in
seiner Realisierung auf der Ebene der Segmente hierbei eigent-
lich relevant[45]. Das ist das entscheidende und gewiß nicht die
Bewahrung der „Konstanz der Silbe"[46].

Den graphisch getrennten, abgestuften Gliederpaaren wie[47]

до са́да   *bis zum Garten*: доса́да   *Verdruß*
за веде́ние *für die Leitung* : заведе́ние   *Institution*
по ро́ду   *der Art nach*   : поро́ду Akk. *Art*

entspricht auf der segmentalen Ebene der Artikulation eine
rhythmische Differenz. Ein Gliederpaar wie /за веде́ние/ ist im
Vergleich mit /заведе́ние/ weder durch distinktive phonema-
tische Einheiten noch durch die Kontrastfunktion der Akzent-
stelle geschieden, sondern durch das relevante Moment der auf-

[45] Dieses Beispiel verdeutlicht hinreichend, daß es nicht die Abfolge
der Phoneme /k'i/ gegenüber /kı/ ist, welcher sprachliche Relevanz zu-
kommt, da die genannte akustische Opposition lediglich das Ergebnis
sog. kombinatorischer Varianten ist. Vgl. über die Pause im „rhythmi-
schen Syntagma" P. Rehder: Verfahrensweisen der Beschreibung des
Rhythmus 1978, 138.
[46] Gegen M. V. Panov: O razgraničitel'nych signalach, 1961, 6: „Die
Diärese bewahrt die Konstanz der Silbe."
[47] Es scheint alle diese Beispiele der nichtgleitende Silbenanschluß
zu einen, während die Bezeichnung „dieser Stellen möglicher Pausen
bisweilen als (innerer) Fuge" (A. Martinet: *Grundzüge der Allgemeinen
Sprachwissenschaft*, 1963, 55) vom wesentlichen wegführt, da zwar die
Abfolge der Phoneme übereinstimmt, nicht aber das prosodische Ele-
ment des (Phonem-)Anschlusses.

gehobenen gleitenden Phonemverbindung /за᾽ ведéние/ (nicht-
gleitender Anschluß). Hier versieht der Rhythmus als supraseg-
mentales Phänomen die gleiche Funktion, die die Akzentstelle
leistet im Gliederpaar /мýку/ und /мукý/ oder die phonema-
tische Distinktion im Beispiel /том/ und /там/.

II. TEIL

DAS AKZENTSYSTEM DES RUSSISCHEN

1. Akzentsystem und Akzentparadigma

Akzentologische Systematisierungskriterien von wissen- § 21
schaftlicher und didaktischer Sinnhaftigkeit lassen sich allein der
intersyllabischen Kontrastfunktion der Akzentstelle im Russi-
schen abgewinnen. Das russische Akzentsystem gründet darin.
Unter Akzentsystem verstehen wir das Gesamtgefüge von wie-
derkehrenden Betonungsmustern. Damit will gesagt sein, daß
das Akzentsystem von paradigmatischer Struktur ist und als
suprasegmentales Phänomen von prosodischem Charakter über
dem morphologischen Paradigma steht, es gleichsam überbaut.
Praktisch ist dadurch ausgesagt, daß eine für sich genommene
russische Vokabel in ein bestimmtes Betonungsmuster (Akzent-
paradigma, Akzenttyp) eingebettet ist. Das Akzentparadigma ist
jenes Bild (Muster), das aus dem intersyllabischen Wechsel des
dynamischen Artikulationsmoments in der Wortveränderung
(Flexion) resultiert[1]. Die Frage nach den das Akzentsystem der
Substantive ergebenden Akzentparadigmen ist folglich die nach
den genützten Möglichkeiten des Akzentstellenwechsels inner-
halb der morphologischen Paradigmen.

---

[1] Wir ziehen es vor von Akzentparadigmen zu sprechen. Red'kin
gebraucht in einem etwas anders gefaßten Sinne „akcentnaja krivaja"
(Akzentkurve), die doch in nicht wenigen Typen aller Genera schlicht
eine Gerade ist. Er versteht darunter „eine Klasse von Regeln, die über
Bewahrung der Betonung auf einem Morphem oder deren Wechsel in
einer bestimmten Wortart entscheidet". Andererseits spricht der Autor
von der „Akzentkurve als einem Oppositionsglied", worunter er den syl-
labischen Gegensatz akzentuiert/nichtakzentuiert begreift, s. Ob akcent-
nych sootnošenijach 1965, 111-117.

2. Konstituierende Momente eines Akzentparadigmas

§ 22   Das konstituierende Moment eines Akzentparadigmas ist gegründet in der kontrastierenden Verteilung des dynamischen Moments Druck auf einzelne Silben eines Wortes: NSg руká, GSg рукú gegenüber ASg рýку, NAPl рýки. Bei einsilbigen Wörtern (Formen) fehlt das kontrastierende, durch den Druck ausgesparte, übergangene Oppositionsglied (Silbe): зуб — раб (im Vergleich zu рьíба — горá, пóле — дéрево — болóто — серебрó u. ä.). Das kontrastierende Verhältnis wird bei Einsilbern funktional durch die fehlende Silbe (resp. die Pause) gewissermaßen ergänzt. Dieser Sonderfall der kontrastierenden Syllabierung von „betont"/„nichtbetont" wird gefordert durch das binäre Prinzip und gleichsam in Analogie zum Wechsel der Akzentstelle (und ihrer kontrastierenden Rolle überhaupt) in Beispielen wie

NSg горá - NPl гóры
NSg пóле - NPl поля́ u. ä.

Analog dazu und gestützt auf die Verbindlichkeit des nachweislichen Akzentparadigmas, in das auch der einsilbige Nominativ Sing. (зуб, раб, страсть, соль) eingebettet ist, ergeben sich als Ansätze für die Einsilber

NSg *зýбØ gegenüber NSg *рабØ
(GSg зýба)   (GSg рабá)
(DSg зýбу usw.)   (DSg рабý usw.)

Die einsilbigen Substantive (bzw. Kasusformen) sind daher in ihrer kontrastierend motivierten akzentologischen Struktur nicht eigentlich verschieden von den zweisilbigen und ihrem eigenen (mehrsilbigen) Akzentparadigma; sie bedingen keine Sonderbehandlung[2]. Sie gestatten erst recht keinen Ausschluß beim Bemühen um die akzentologische Systematisierung des Russischen.

§ 23   Behält man dies im Auge, dann ergeben die Oppositionsmerkmale „endbetont"/„nichtendbetont" in ihrer kontrastierenden Ausprägung ganz unabhängig von der Silbenanzahl eines Wortes folgende Möglichkeiten paradigmatischer, an die Numeruskategorie gebundener Strukturen:

---

[2] So auch A. A. Zaliznjak: „Uslovnoe udarenie", 1969, 16; A. A. Zaliznjak: Zakonomernosti akcentuacii russkich odnosložnych suščestvitel'nych mužskogo roda, 1977, 71 f.

I. ein dominierend gradliniges Verhältnis der Numeri zueinander,

II. ein dominierend gebrochenes Verhältnis der Numeri zueinander.

Das dominierend gradlinige Verhältnis der Numeri zueinander bringt die beiden konträren Akzentparadigmen „stets endbetont" bzw. „stets nichtendbetont" hervor.

Das dominierend gebrochene Akzentverhältnis der Numeri zueinander beruht (im wesentlichen) auf der gegensätzlichen Verteilung von „endbetont" bzw. „nichtendbetont" auf beide Numeri. Daraus resultieren die beiden Akzentparadigmen „Singular entbetont" und „Plural nichtendbetont" bzw. die umgekehrte Verteilung.

Die Gebundenheit der Akzentparadigmas an die Numeruskategorie legt nahe, daß für einsilbige Wörter und Formen die akzentparadigmatische Zugehörigkeit ebenso eindeutig bestimmbar ist wie für zwei- oder mehrsilbige.

So ist NSg стол innerhalb seines numerischen Akzentparadigmas (Sg: -á, -ý, -∅, -óм, -é) fraglos endbetont; das gleiche gilt vom GPl слов (-á, -∅, -áм, -á, -áми, -áх) u. ä. Umgekehrt ist NSg рак (páка, páку usw.) aus dem gleichen Grund der akzentuellen Dominanz im Paradigma nichtendbetont, was auch für GPl лип (Pl: лúпы, лúпам usw.) zutrifft.

Im Russischen erweist sich die Endbetonung als merkmalhaftes Glied in der Akzentkorrelation. „Endbetont" ist *per se* eindeutig oder morphologisch-paradigmatisch bedingt.

Das Merkmal „nichtendbetont" ist als Korrelationsglied zu unbestimmt, als daß ihm eine Prävalenz zufallen könnte. Die Beispiele erweisen, daß Gebilde wie Sg óзеро : Pl озёра, Sg дéрево : Pl дерéвья u. ä. durch das Merkmal „nichtendbetont" nicht hinreichend charakterisiert sind. Die funktionale Merkmallosigkeit des Kriteriums ist evident, da damit die Akzentstelle im Paradigma nicht ohne die Zuhilfenahme eines anderen, sekundären Kriteriums (z. B. die Silbenzählung) exakt beschrieben werden kann (vgl. die Beispiele in Fußnote 30 im I. Teil).

3. Das Akzentsystem der Substantive

Zur Eruierung des substantivischen Akzentsystems sind § 24 einige Bemerkungen vorab nötig; sie sind methodischer Art.

(1) So ist empirisch festzustellen, daß das Russische Endbetonung (*A*) und Nichtendbetonung (*D*) kennt, die einen strukturbildenden Gegensatz darstellen. Die Endbetonung wurde als merkmalhaft erkannt.

(2) Es ist gleichfalls empirisch evident, daß die Numeruskategorie der Rahmen ist, innerhalb dessen das Akzentsystem manifest wird. Da die Genuskategorie nur im Singular existiert (vgl. die Genusunterscheidung beim Attribut im Singular), erscheint dieser innerhalb der Numeruskategorie als merkmalhaft. Folglich ist die Verknüpfung von „Endbetonung" und „Singular" das gliedernde Gerüst der Akzentparadigmatik. Sie ist solchermaßen systemadäquat und motiviert. Aus der Kombination von Singular und Endbetonung werden zwei weitere (gemischte) Muster gewonnen: Singular endbetont (*B*) und Singular nichtendbetont (*C*), während sich die jeweiligen Plurale dazu konträr verhalten.

Das russische Akzentsystem der Substantiva beruht mithin auf vier Grundmustern, den vier grundlegenden Akzentparadigmen *A B C D*. Das Akzentparadigma *A* kennt die Endbetonung in beiden Numeri, das Akzentparadigma *B* die Endbetonung allein im Singular, das Akzentparadigma *C* dagegen allein im Plural und das Akzentparadigma *D* ist die Negation[3] des Akzentparadigmas *A*.

§ 25　　Man kann nun fragen: Welcher Kasus kann begründetermaßen als Ausgangsgrundlage für die Bestimmung des Akzentparadigmas dienen? Zu bestimmen ist dabei das Akzentparadigma sowohl für den Singular als auch für den Plural, und die Grundlage sollte nach Möglichkeit in jedem der beiden Numeri (nicht

---

[3] Vier Grundtypen („Akzentkurven") erkennt auch V. A. Red'kin: *Akcentologija* 1971, 13 f., doch entbehrt seine Reihung (Abfolge) einer irgendwie einsichtigen systeminhärenten Motivierung (A=nekonečnoe ud., B=konečnoe ud., C=nekonečnoe ud. v edinstv. čisle, D=konečnoe ud. v edinstv. čisle.) Die gleiche Abfolge und Benennung findet sich auch in *Die russische Sprache der Gegenwart* II, 1976, 226. – Unmotiviert ist auch die Abfolge und Bezeichnungsweise bei A. A. Zaliznjak: Zakonomernosti akcentuacii russkich odnosložnych suščestvitel'nych mužskogo roda, 1977. Ebenso ders: *Grammatičeskij slovar' russkogo jazyka. Slovoizmenenie.* Moskva 1977, 31. Willkürlich ist auch die Abfolge (Reihung) der Akzenttypen in *Russkaja grammatika* I. 1980, 512–513. – Man trifft auf diese Systematisierung schon bei V. Kiparsky: *a.a.O.* 1962, 237, 252, der dieselbe allerdings nur auf das Neutrum anwendet.

zuletzt mit Rücksicht auf Singularia bzw. Pluralia tantum) der gleiche Kasus sein.

Überblickt man das gegenwärtige Kasussystem, dann scheiden aus ganz unterschiedlichen Gründen aus im Singular[4]: Nominativ, Genitiv, Akkusativ, Instrumental und Präpositiv; im Plural[5]: Nominativ, Genitiv, Akkusativ und Instrumental. Demnach bleibt als sichere Stütze ohne morphologische bzw. akzentuelle Variante im Singular wie im Plural jeweils nur der Dativ[6] übrig[7].

Legt man den Dativ im Singular und Plural der Systematisierung zugrunde und koppelt damit die Opposition endbetont/nichtendbetont, dann erhält man vier grundlegende substantivische Akzentparadigmen im Russischen, die *in genere* bereits aus den oben dargelegten Erwägungen ebenso gewonnen wurden den. § 26

Paradigma *A*: endbetonter Dativ Sg. und Pl.

(Mask. раб *Diener*)	рабу́	— рабам
(Neutr. очко́ *Auge, Punkt*)	очку́	— очкам
(Fem. кишка́ *Darm*)	кишке́	— кишкам

Paradigma *B*: endbetonter Dativ Sg. (nichtendbet. Dat. Pl.)

(Mask. лист *Blatt*)	листу́	— ли́стьям
(Neutr. лицо́ *Gesicht*)	лицу́	— ли́цам
(Fem. жена́ *Frau, Weib*)	жене́	— жёнам

---

[4] Summarisch seien in Erinnerung gebracht die Besonderheiten der Morphologie und des Akzents wie Gen. ча́ю, Akk. рыбака́, Inst. жено́ю, Präp. в лесу́, в степи́.

[5] Vgl. allein die morphologische (syllabisch differente) Vielfalt der Endungen im Plur. Nominativ und Genitiv (Akkusativ) sowie die Besonderheit im Instr. (людьми́ u.a.).

[6] Sprachgeschichtlich sei angemerkt, daß der Dat. Plur. im ältesten Slawisch die Stammklasse des Substantivs am durchsichtigsten bewahrt: *žena-mъ, stolo-mъ, synu-mъ, gosti-mъ, bukuu-(a)mъ, krau-(ь)mъ,* u.ä.

[7] Für den Dativ als paradigmatische Grundlage entschied sich ohne weitere Begründung u.a. auch Red'kin: *Akcentologija*, 1971, 13.

Paradigma *C*: endbetonter Dativ Pl. (nichtendbet. Dat. Sg.)

(Mask. сад *Garten*)	са́ду	— сада́м
(Neutr. ме́сто *Ort*)	ме́сту	— места́м
(Fem. кисть *Pinsel*)	ки́сти	— кистя́м

Paradigma *D*: nichtendbetonter Dativ Sg. und Pl.

(Mask. рак *Krebs*)	ра́ку	— ра́кам
(Neutr. блю́до *Gericht, Schüssel*)	блю́ду	— блю́дам
(Fem. ли́па *Linde*)	ли́пе	— ли́пам

Es kann davon ausgegangen werden, daß diese vier Akzentparadigmen das russische substantivische Akzentsystem in seiner Eigenart grundlegend charakterisieren. Auf diesem Hintergrund erweisen sich die praktisch existierenden Abweichungen (auch Sonderfälle) als deutlich erkennbare Varianten im Rahmen der skizzierten akzentparadigmatischen Grundstruktur. Für dergleichen Varianten (bis hin zu den Einzelfällen eigenwilliger – historisch bedingter – Art) bietet dieses Strukturschema Raum im Sinne einer systemadäquaten Ordnung.

§ 27   Die vier strukturbildenden Akzentparadigmen mit ihren Grundtypen *ABCD* sind offen für eine wechselnde Anzahl keinesfalls willkürlicher Varianten. Sie sind zu bezeichnen etwa im Grundtyp *A* als A_1, A_2, im Grundtyp *B* als B_2, usw. Dabei gibt der Buchstabe den Grundtyp an und die Ziffer ein wiederkehrendes, in allen vier Grundtypen potentielles Merkmal sekundärer Ordnung. In der Regel handelt es sich um eine Akzentbesonderheit in einem (oder mehreren) Kasus.

Folgende Eigenheiten sekundärer Ordnung gelangen dabei zur Geltung und prägen mithin eine Variante:

die Ziffer 'eins' (A_1 C_1) markiert *die Aufhebung* der Endbetonung im *Plural* in den homonymen Kasus *Nom.-Akk.*,

die Ziffer 'zwei' (A_2 B_2) umfaßt die Aussage von Ziffer 'eins' und markiert *zusätzlich die Aufhebung* der Endbetonung im *Singular* im *Akk.*,

die Bezeichnung A_s bzw. D_s markiert wenige Sonderfälle[8] gleicher Art.

[8] Im Gegensatz zu Red'kin: *Akcentologija*, 1971, 28, 39 u. 43 kennt

Zu den Sekundärregeln ist zu bemerken: Die Aufhebung der Endbetonung im *Plural* ist als ein eingrenzender (und ausnahmebildender) Faktor nur in den Akzentparadigmen *A* und *C* möglich. Ferner gilt: Da ein Teil des Inhalts von Ziffer 'zwei' funktional an den endbetonten Singular gekoppelt ist, kann dieser nur in den Akzentparadigmen *A* und *B* relevant werden.

Schema der Akzentparadigmen des Substantivs

Num. u. Kasus	A	A_1	A_2	B	B_2	C	C_1	D
Sg. N	■	■	■	■	■	□	□	□
G	■	■	■	■	■	□	□	□
D	■	■	■	■	■	□	□	□
A	■	■	□	■	□	□	□	□
I	■	■	■	■	■	□	□	□
P	■	■	■	■	■	□	□	□
Pl. N	■	□	□	□	□	■	□	□
G	■	■	■	□	□	■	■	□
D	■	■	■	□	□	■	■	□
A	■	□	□	□	□	■	□	□
I	■	■	■	□	□	■	■	□
P	■	■	■	□	□	■	■	□

Das ■-Zeichen markiert die merkmalhafte Endbetonung, das □-Zeichen die merkmallose Nichtendbetonung.

unsere Systematisierung keine Beispiele von Substantiven, die sich durch eine „Akzentkurve außerhalb der Klassen" auszeichnen.

Die Sonderfälle A_s und D_s finden sich als Einzelbeispiele im Anhang bei den jeweiligen Akzentparadigmen.

A. A. Zaliznjak, *Grammatičeskij slovar'* (1977, 31), sagt zutreffend, daß die in Rede stehenden akzentuellen Besonderheiten gewisser Kasus lediglich Varianten eines grundlegenden Akzentparadigmas darstellen und keine eigenständigen Paradigmen konstituieren. Dies geht allein schon daraus hervor, daß das vermerkte Phänomen in unterschiedlichen Akzentparadigmen in gleicher Weise manifest wird. (Die identischen historischen Grundlagen in der sog. Metatonie sind hier nicht zu erörtern.)

§ 28   Ganz fraglos haben die Genera des Substantivs eine gewisse Affinität zu diesem oder jenem Akzentparadigma. Dennoch wäre es ein Zeichen unkritischer Methode, für jedes substantivische Genus ein eigenes Akzentschema nach eigenwilliger Kriterienauswahl und samt eigener Rubrizierung zu postulieren. Vielmehr ist das Akzentsystem ein übergeordnetes, für das Substantiv schlechthin verbindliches Gemeinsames, innerhalb dessen die Verteilung und Gruppierung des Vokabelstandes der einzelnen Genera aufzufinden und in seiner Ordnung darzustellen ist. Und vom Einfachen zum Komplizierten fortschreitend ergibt die Verteilung des substantivischen Vokabelbestandes auf das im folgenden in seiner Sinnhaftigkeit zu erprobende Akzentsystem nachstehendes Schema:

Verteilung der Akzentparadigmen auf die Genera

Genus	Akzentparadigmen			
	endbetont	endbet. im Sg.	endbet. im Pl.	nichtendbet.
Maskulinum	$A\ A_1$	B	$C\ C_1$	D
Neutrum	$A\ A_1$	B	$C\ C_1$	D
Femininum	$A\ A_1\ A_2\ A_s$	$B\ B_2$	C_1	D
Pluralia tantum			$A–C$ $A_1–C_1$	$B–D\ D_s$

I. Die Akzentparadigmen der Maskulina

§ 29   Folgende Akzentparadigmen sind im Maskulinum realisiert: $A\ A_1\ B\ C\ C_1$ und D. Der Anteil der einzelnen Paradigmen ist von überaus großen quantitativen Gegensätzen geprägt. So entfallen auf die Typen $A_1\ B\ C$ und C_1 nur rund 315 Maskulina, von denen wiederum drei Viertel der Beispiele dem Akzenttyp C zugehören. Die Relationen verdeutlichen zur Genüge, daß gewisse Typen weithin oder sogar vollzählig erfaßt werden können. In der Regel sind gerade die zählbaren Beispiele eines Paradigmas Elemente einer besonderen Unsicherheit für den Lernenden.

Maskulinum

		A	A₁	B	C	C₁	D
Sg.	N	■	■	■	□	□	□
	G	■	■	■	□	□	□
	D	■	■	■	□	□	□
	A	■	■	■	□	□	□
	I	■	■	■	□	□	□
	P	■	■	■	□	□	□
Pl.	N	■	□	□	■	□	□
	G	■	■	□	■	■	□
	D	■	■	□	■	■	□
	A	■	□	□	■	□	□
	I	■	■	□	■	■	□
	P	■	■	□	■	■	□

A = труд *Arbeit*
     бегу́н *Läufer*

A_1 = гвоздь *Nagel*
      червь *Wurm*

B = прут *Rute*
     глазо́к *Äuglein*

C = шар *Kugel*
     вор *Dieb*
     лес *Wald*
     ма́стер *Meister*

C_1 = гром *Donner*
      гость *Gast*

D = граб *Weißbuche*
     вокза́л *Bahnhof*

I. Akzenttyp A. Auffällig ist die Anzahl der einsilbigen, meist § 30
indigenen Gebilde, wobei beide („hart" und „weich) morpholo-
gische Flexionsmuster wiederkehren. Diesen stehen Gebilde mit
vielfältigen Suffixen zur Seite.

1. Zum „harten" Flexionsmuster gehören die gegenwärtig als
   ungegliedert, d.h. als nicht abgeleitet, geltenden einsilbigen
   Beispiele aus Erb- und Fremdgut:

раб -á	*Sklave* Pl. -ы́ -óв		боб	*Bohne*
враг	*Feind*		герб	*Wappen*
гриб	*Pilz*		горб	*Buckel*
столб	*Pfosten*		сиг	*Schnäpel*

дрозд	*Drossel*	дьяк	(alt.) *Beamter*
плод	*Frucht*	вьюн	*Schmerle*
стыд	Scham, Schande	врун	(vulg.) *Lügner*
вред	*Schaden* (o. Pl.)	лгун	*Lügner*
труд	*Arbeit*	жрун	(vulg.) *Fresser*
суд	*Gericht*	шест	*Stange*
скирд	*Heuschober*	холст	*Leinwand*
жид	(verächtl.) *Jude*	хвост	*Schwanz*
туз	*As* (Spielk.)	¹мост	*Brücke*
полк	*Regiment*	¹пост	(milit.) *Posten*
жук	*Käfer*	²пост	*Fastenzeit*
хряк	kastr. *Eber, Bork*	куст	*Strauch*
бык	*Stier*	хлыст	*Reiterpeitsche*
клык	*Eck-, Stoßzahn*	перст	(alt) *Finger*
штык	*Bajonett*	пест	*Mörserstößel*
шпик	*Spitzel*	пласт	*Schicht, Flöz*
тюк	*Packen*		

кий	*Billardqueue* Pl. кий киёв	шип	*Dorn*
клок	*Büschel* Pl -й -óв	двор	*Hof*
сук	*Ast* Pl -й -óв	бобр	*Biber*
крюк	*Haken* Pl -й, -óв	шнур	*Schnur*
жезл	(kirchl.) *Stab, Zepter*	кит	*Walfisch*
вол	*Ochse*	щит	*Schild*
ствол	*Baumstamm*	скит	*kleines Kloster, Einsiedelei*
стол	*Tisch*	болт	*Bolzen*
холм	*Hügel*	бинт	*Binde*
сом	*Wels*	винт	*Schraube*
ум	*Verstand*	зонт	*Schirm*
блин	*Art Pfannkuchen*	кот	*Kater*
слон	*Elefant*	скот	*Vieh*
чёлн	*Boot*	плот	*Floß*
клоп	*Wanze*	крот	*Maulwurf*
столп	*Pfahl, Pfeiler*	крест	*Kreuz*
сноп	*Garbe*	волхв	*Zauberer*
цеп	*Dreschflegel*	гурт	*Viehherde*
поп	*Pope, orthod. Priester*	плут	*Schelm*
пуп	*Nabel* (o. Pl.)	кнут	*Peitsche*
серп	*Sichel*	шут	*Spaßvogel*

грех	*Sünde*	жрец	*heidn. Priester*
штрих	*Strich, Zug*	чтец	*Vorleser*
стих	*Vers*	жнец	*Schnitter*
кол	*schlechte Note* Pl -ы́ -о́в	лжец	*Lügner*
		швец	(alt.) *Schneider*
прут	*Metallstab* Pl -ы́ -о́в	льстец	*Schmeichler*
лист	*Blatt Papier* Pl -ы́ -о́в		

2. Gemäß dem „weichen" Flexionsmuster werden abgewandelt:

врач -а́	*Arzt* GPl -éй	вождь	*Führer* GPl -éй
рвач	*Raffer* GPl -éй	дождь	*Regen* GPl -éй
грач	*Saatkrähe* GPl -éй	рубль	*Rubel* GPl -éй
меч	*Schwert* GPl -éй	шмель	*Hummel* GPl -éй
луч	*Strahl* GPl -éй	кремль	*Burg* GPl -éй
сыч	*Kauz* GPl -éй	ноль	*Null* GPl -éй
ключ	*Schlüssel* GPl -éй	руль	*Steuerrad* GPl -éй
мяч	*Ball* GPl -éй	линь	*Schleie* GPl -éй
грош	*Groschen* GPl -éй	лунь	*Turmfalke* GPl -éй
ёрш	*Kaulbarsch* GPl -éй	нож	*Messer* GPl -éй
плащ	*Mantel* GPl -éй	корж	*Fladengebäck* GPl -éй
лещ	*Brachsen* GPl -éй	морж	*Walroß* GPl -éй
клещ	*Zecke* GPl -éй	уж	*Natter* GPl -éй
паж	*Page* GPl -éй	штырь	*Spindel, Bolzen* GPl -éй
ёж	*Igel* GPl -éй		
стриж	*Mauersegler* GPl -éй	ферзь	*Dame* (Schach) GPl -éй
чиж	*Zeisig* GPl -éй		
бич	*Peitsche* GPl -éй	хвощ	*Schachtelhalm* GPl -éй
ковш	*Schöpfkelle* GPl -éй		
куль	*Sack, Maß* GPl -éй	хлыщ	*Geck* GPl -éй
ларь	*Truhe* GPl -éй	хорь	*Iltis* GPl -éй
ткач	*Weber* GPl -éй	хрящ	*Knorpel* GPl -éй
борщ	*Gemüseeintopf* GPl -éй	царь	*Zar* GPl -éй
прыщ	*Pickel* GPl -éй	язь	*Aland, Karpfen* GPl -éй
плющ	*Efeu* GPl -éй		

3. Durch den „beweglichen" Vokal (*o, e*) gekennzeichnet, steht § 31 der überschaubare Bestand (a) enger zueinander bzw. durch seine Pluralbildung (b):

(a) козёл козла́ *Ziegenbock* ковёр -вра́ *Teppich*
    орёл -рла́ *Adler* костёр -тра́ *Scheiterhaufen*
    осёл -сла́ *Esel* бобёр -бра́ *Biberpelz*
    котёл -тла́ *Kessel* шатёр -тра́ *Zelt*
    чехо́л -хла́ *Überzug* (Möbel) буго́р -гра́ *Hügel*
    щего́л -гла́ *Stieglitz* баго́р -гра́ *Feuerhaken*
    мосо́л -сла́ *Hüftknochen* вихо́р -хра́ *Schopf, Wirbel*
    посо́л -сла́ *Gesandte*
    хохо́л -хла́ *Haube, Schopf*

    лоб лба *Stirn* овёс овса́ *Hafer*
    ров рва *Graben* хребе́т -бта́ *Rückgrat, Bergrücken*
    сон сна *Schlaf, Traum* псало́м -лма́ *Psalm*
    рот рта *Mund* ого́нь огня́ GPl -е́й *Feuer*
    мох мха *Moos* ломо́ть -мтя́ GPl -мте́й *Schnitte*
    пёс пса *Hund* реме́нь -мня́ GPl -мне́й *Gürtel*
    лёд льда *Eis* креме́нь -мня́ GPl -е́й *Feuerstein*
    лён льна *Flachs* слепе́нь -пня́ GPl -е́й *Stechmücke*
     плете́нь -тня́ GPl -е́й *Flechtzaun*
    лев льва *Löwe* день дня *Tag* GPl дней

(b) рука́в -а́ *Ärmel* Pl рукава́ -о́в -а́м
    обшла́г -а́ *Manschette* Pl обшлага́ -о́в -а́м

§ 32 4. Gebilde (Erb- u. Fremdgut) mit gegliederten, betonten *Suffixen.*

Personen-, Tier- und Sachbezeichnungen kehren wieder:

-а́ч: труба́ч -а́ GPl -е́й *Trompeter*, скрипа́ч *Geiger*, рифма́ч *Reimschmied*, изба́ч *Leiter einer Dorflesestube*, сила́ч *Kraftprotz*, толма́ч *Dolmetscher*, бога́ч *Reicher*, пала́ч *Henker*, кума́ч *roter Kattun*, кала́ч *Weizenkringel*, тяга́ч *Trecker*;

-а́ж: эта́ж -а́ GPl -е́й *Etage*, гара́ж *Garage*, бага́ж *Gepäck*, блинда́ж *Unterstand*, листа́ж *Druckbogenzahl*, тира́ж *Auflagehöhe*, шанта́ж *Erpressung*, вира́ж *Kurve*;

-а́рь: звона́рь -я́ GPl -е́й *Glöckner*, куста́рь *Heimarbeiter*, врата́рь *Torwart*, коса́рь *Schnitter*, кобза́рь *ukr. Volksliedsänger*, дика́рь *Wilder*, бунта́рь *Rebell*, глава́рь *Rädels-*

führer, глухáрь *Auerhahn*, пескáрь *Gründling*, сухáрь *Zwieback*, янтáрь *Bernstein*, словáрь *Wörterbuch*, фонáрь *Laterne*, секретáрь *Sekretär*, пономáрь *Küster*, календáрь *Kalender*, инвентáрь *Inventar*, январь *Januar*;

-áш/-я́ш: торгáш -á GPl -éй *Trödler*, кругля́ш *fülliger Mensch*, чувáш *Tschuwasche*, палáш *gr. Degen*, потáш *Pottasche*, шалáш *Strohhütte*, карандáш *Bleistift*;

-áр/-я́р: бочáр -á GPl -óв *Böttcher*, гончáр *Töpfer*, овчáр *Schafhirt*, столя́р *Tischler*, маля́р *Anstreicher*, гусля́р *Guslispieler*, комáр *Mücke*, хабáр *Raffgier*;

-áк/-я́к: земля́к -á GPl -óв *Landsmann*, пруссáк -á GPl -óв *Preuße*, сибиря́к *Sibirer*, пермáк *aus Perm'*, туля́к *aus Tula*, рыбáк *Fischer*, моря́к *Matrose*, бедня́к *Armer*, скорня́к *Kürschner*, бося́к *Barfüßler*, толстя́к *Dicker*, простáк *Einfältiger*, чудáк *Sonderling*, вожáк *Begleiter*, кунáк *Gastfreund*, чужáк *Fremdling*, пошля́к *Schuft*, бурлáк *Treidler*, варнáк *Verbannter*, батрáк *Taglöhner*, синя́к *Bluterguß*, медня́к *Kupfermünze*, костя́к *Skelett*, кругля́к *Rundholz*, мышья́к *Arsen*, пустя́к *Bagetelle*, (Pl) *Unsinn*, черпáк *Schöpfkelle*, [1]резáк *Schneidemesser*, [2]резáк *Schlächter*, желвáк *Beule*, пятáк *Fünfkopekenstück*, табáк *Tabak*, чердáк *Dachboden*, верстáк *Werkbank*, рюкзáк *Rucksack*, пиджáк *Jackett*, кулáк *Faust, Kulake*, конья́к *Cognac*, [1]башмáк *Schuh*, [2]башмáк *Bremsklotz*, кабáк *Kneipe*, колпáк *Schlafmütze*, ишáк *Maulesel*, гамáк *Hängematte*, тумáк *Faustschlag*, форшмáк *Vorspeise*, хомя́к *Hamster*, кизя́к *Heizmist*, кушáк *Gürtel*, наждáк *Schmirgel*, середня́к *Durchschnittsmensch*, холостя́к *Junggeselle*, четвертáк *4 Rubel*, кавардáк *Wirrwarr*, особня́к *Einfamilienhaus*;

-у́н:

бегýн -á GPl -óв *Läufer*		певýн	*fröhl. Sänger*
болтýн *Schwätzer*		сосýн	*Säugling*
колдýн *Zauberer*		орýн	*Schreihals*
свистýн *Pfeifer*		молчýн	*Schweiger*
брехýн *Angeber*		пачкýн	*Schmutzfink*
горбýн *Buckliger*		игрýн	*ausgelass. Bursche*
драчýн *Raufbold*		ревýн	*Brüller*
ворчýн *Brummbär*		пискýн	*Piepsender*

крику́н	Schreihals	хвасту́н	Prahler
летру́н	flinker Kerl	шалу́н	Wildfang
шепру́н	Klatschbase	храпу́н	Schnarcher
говору́н	Schwätzer	опеку́н	Vormund
буру́н	Brandung	хохоту́н	Lacher
гарпу́н	Harpune	каплу́н	Kapaun
скаку́н	Rennpferd	колту́н	Weichselzopf
табу́н	Herde v. Pferden	чугу́н	Gußeisen

-ёж/-éж: грабёж -á GPl -éй *Raub*, платёж *Zahlung*, чертёж *Zeichnung*, падёж (Vieh) *Seuche*, делёж *Verteilung*, кутёж *Gelage*, рубёж *Grenze, Ausland*, мятёж *Aufruhr*, падéж *Kasus*;

-ы́ш: малы́ш -á GPl -éй *Knirps*, глупы́ш *Dümmling*, голы́ш *Nackedei*, латы́ш *Lette*, бары́ш *Profit*, камы́ш *Binse*, берды́ш *Streitaxt*;

-ни́к: двойни́к -á GPl -óв *Doppelgänger*, должни́к *Schuldner*, лесни́к *Forstwart*, мясни́к *Metzger*, [2]ночни́к *Nachtpilot*, ушни́к *Ohrenarzt*, шутни́к *Spaßvogel*, блудни́к *Wolllüsting*, штрафни́к *Angehör. e. Strafabteilg.*, печни́к *Ofensetzer*, цветни́к *Blumenbeet*, парни́к *Frühbeet*, ледни́к *Gletscher*, грибни́к *Pastete m. Pilzen*, тростни́к *Schilf*, тайни́к *Versteck*, баловни́к *ungezog. Kind*, выпускни́к *Absolvent*, духовни́к *Beichtvater*, истопни́к *Heizer*, клеветни́к *Verleumder*, проводни́к *Schaffner*, скоростни́к *Schnellarbeiter*, призывни́к *Rekrut*, озорни́к *Frechdachs*, воротни́к *Kragen*, колосни́к *Ofenrost*, пропускни́к *Desinfektionsanstalt*, [1]ночни́к *Nachtlampe*, золотни́к *Goldmaß*;

-ови́к/-еви́к: планови́к -á GPl -óв *Planmacher*, кадрови́к *Kaderarbeiter*, меньшеви́к, большеви́к, мостови́к *Brückenbauer*, грузови́к *Lastwagen*, броневи́к *Panzerspähwagen*, махови́к *Schwungrad*, парови́к *Dampfkessel*, пухови́к *Daunenbett*, жирови́к *Lipom*, дождеви́к *Regenmantel*, змееви́к *Destillierröhre, Drachenwurz*, черинови́к *Konzept*, чистови́к *Reinschrift*;

-щи́к/-овщи́к: денщи́к -á GPl -óв *Offiziersbursche*, зеленщи́к *Gemüsehändler*, обувщи́к *Schuhmacher*, часовщи́к *Uhr-*

macher, плотовщи́к *Flößer*, поставщи́к *Lieferant*, меховщи́к *Pelzhändler*, кладовщи́к *Lagerverwalter*, весовщи́к *Wiegemeister*, газовщи́к *Gasarbeiter*, гробовщи́к *Sargmacher*, ростовщи́к *Wucherer*, меновщи́к *Tauschhändler*;

-о́к: игро́к -ока́ GPl -о́в *Spieler*, знато́к *Kenner*, едо́к *Esser*, ездо́к *Reiter, Fahrgast*, седо́к *Insasse*, ходо́к *Fußgänger*, bäuerlicher Fürbitter; чесно́к *Knoblauch*, челно́к *Boot*;

-о́к/-ёк:

бросо́к -ска́ GPl -о́в	*Wurf*	сосо́к	*Brustwarze*
лото́к -тка́	*Verkaufsstand*	стручо́к	*Schote*
висо́к -ска́	*Schläfe*	судо́к	*Sauciere*
бело́к	*Eiweiß,*	толчо́к	*Stoß*
	Weiß i. Auge	свисто́к	*Pfiff*
желто́к	*Eigelb*	вершо́к	*Wipfel, Längemaß*
волчо́к	*Kreisel*	скребо́к	*Schabeisen*
вьюно́к	*Winde* (Pflanze)	стежо́к	*Steppstich*
глото́к	*Schluck*	чиро́к	*Krickente*
горшо́к	*Tontopf*	кусо́к	*Stück*
замо́к	(Tür)*Schloß*	вило́к	*Kohlkopf*
звоно́к	*Klingel*	сморчо́к	*Morchel*
зрачо́к	*Pupille*	снето́к	*Stint* (Fisch)
пупо́к	*Nabel*	чуло́к	
лобо́к	*Schamhügel*	GPl -о́к	*Strumpf*
клубо́к	*Knäuel*	носо́к	
клино́к	*Messerklinge*	GPl -о́к	*Socke*
като́к	*Eisbahn*		
плево́к	*Speichel*	завито́к	*Locke*
росто́к	*Keim, Sproß*	кипято́к	koch. *Wasser*
шино́к		коробо́к	kl. *Schachtel*
-нка́	(alt) *Schenke*	лепесто́к	*Blütenblatt*
суро́к	*Murmeltier*	поводо́к	*Hundeleine*
вено́к	*Kranz*	позвоно́к	(Knochen)*Wirbel*
плато́к	*Tuch*	порошо́к	*Pulver* (Arznei)
мешо́к	*Sack*	потоло́к	*Zimmerdecke*
мото́к	*Garnsträhne*	ногото́к	*Ringelblume*
песо́к	*Sand*	новичо́к	*Schulanfänger*
сверчо́к	*Hausgrille*	ползуно́к	*Krabbelkind*
скачо́к	*Sprung*	колоно́к	sibir. *Marder*

поплаво́к	Schwimmer (Angel)	язычо́к	Zäpfchen (anatom.)
черепо́к	Scherbe	молото́к	kl. Hammer

хорёк -рька́	Iltis	мотылёк -лька́	Falter
козырёк -рька́	Mützenschirm	василёк -лька́	Kornblume
малёк -лька́	kl. Fisch	паёк -пайка́	Verpfleg.ration

[1]-éц: бегле́ц -леца́ Pl -лецы́ -о́в Flüchtling, кузне́ц Schmied, мудре́ц Weiser, подле́ц Schuft, шельме́ц Schwindler, храбре́ц Kühner, хитре́ц list. Mensch, нагле́ц frech. Mensch, горде́ц hochmüt. Mensch, мертве́ц Toter, близне́ц Zwilling, костре́ц Steißbein;

[2]-éц: вене́ц -нца́ Pl -нцы́ -о́в Krone

оте́ц	Vater	юне́ц	Junges
вдове́ц	Witwer	саме́ц	Männchen (Tier)
гребе́ц	Ruderer	песе́ц	Polarfuchs
пenjoyлове́ц	Schwimmer	сыре́ц	Halbfabrikat
гоне́ц	Kurier	свине́ц	Blei
глупе́ц	Dummkopf	столбе́ц	Spalte
исте́ц	Kläger	зубе́ц	Zacke, Zinken
ловец	Jäger, Fischer	резе́ц	Meißel
певе́ц	Sänger	чепе́ц	Haube
писе́ц	Schreiber	дворе́ц	Palast
слепе́ц	Blinder	коне́ц	Ende
скупе́ц	Geizhals	кресте́ц	Kreuzbein
творе́ц	Schöpfer	рубе́ц	Narbe
скопе́ц	Kastrat	ларе́ц	Schatulle
скворе́ц	Star		

продаве́ц	Verkäufer	сорване́ц	Schlingel
жеребе́ц	Pferdehengst	огуре́ц	Gurke
погребе́ц	Proviantkoffer	леdене́ц	Fruchtbonbon
бубене́ц	Schelle	голубе́ц	Kohlroulade
изразе́ц	Kachel	холоде́ц	Sülze
молоде́ц	Prachtkerl		

бое́ц бойца́	Krieger	стреле́ц -льца́	Strelize
жиле́ц жильца́	Mieter	удале́ц -льца́	Draufgänger
деле́ц дельца́	Geschäfte- macher		

-ы́рь: монасты́рь -я́ GP1 -е́й *Kloster*, богаты́рь *Held*, пузы́рь
Luftblase, волды́рь *Brand-, Wasserblase*, пусты́рь *unbe-
baut. Grund*, снеги́рь *Dompfaff*, имби́рь *Ingwer*, псал-
ты́рь *Psalter*, упы́рь *Vampir*, нашаты́рь *Salmiak*;

-у́к/ю́к: барсу́к -а́ Pl -и́ -о́в *Dachs*, сунду́к *Truhe*, каблу́к *Schuh-
absatz*, гайду́к *Heiducke*, мундшту́к *Mundstück*, чубу́к
türk. Tabakspfeife, сюрту́к *Gehrock*, барчу́к *jung. Edel-
mann*, клобу́к *Mönchsmütze*, пау́к *Spinne*, индю́к *Trut-
hahn*, бирю́к *Werwolf, Griesgram*;

-ы́к: калмы́к -а́ Pl -и́ -о́в *Kalmück*, шашлы́к *Spießfleisch*, баш-
лы́к *Wollkapuze*, ярлы́к *Etikett, Schein*, балы́к *gedörr.
Fisch*, кады́к *Adamsapfel*, язы́к *Sprache, Zunge*;

-и́к: стари́к -а Pl -и́ -о́в *Greis*, кули́к *Schnepfe*, тупи́к *Ausweg-
losigkeit*, ерети́к *Herätiker*, матери́к *Festland*, турни́к
Reck, пикни́к *Picknick*;

5. Bildungen, die entweder als ungegliedert gewertet werden § 33
oder aber in einer sehr beschränkten Anzahl von Beispielen
wiederkehren. Mitunter stehen fremde und indigene Bildun-
gen ungeschieden nebeneinander:

-у́х: пету́х -а́ Pl -и́ -о́в *Hahn*, пасту́х *Hirt*, кожу́х *Schafpelz-
mantel*, обу́х *Beilrücken*, лопу́х *Klette*;

-а́н: каба́н -а́ Pl -ы́ -о́в *Eber, Wildschwein*, коча́н *Kohlkopf*, топ-
ча́н *Bettstelle* (auf Holzböcken), чаба́н *Schafhirt*;

оча́г -а́ Pl -и́ -о́в *Herd*, рыча́г *Hebel*;

пиро́г -а́ Pl -и́ -о́в *gefüllt. Pastete*, творо́г *Quark*, сапо́г GP1 -о́г
Stiefel, бато́г *Stock*;

косты́ль -я́ GP1 -е́й *Krücke*, моты́ль *Mückenlarve*, ковы́ль *Step-
pengras*, бобы́ль *armer Bauer*, горбы́ль *Schwartenbrett*,
фити́ль *Docht*;

минда́ль -я́ GP1 -е́й *Mandelbaum*, хруста́ль *Kristall*, февра́ль
Februar;

щаве́ль -я́ GP1 -е́й *Sauerampfer*, кисе́ль *Fruchtsaftbrei*, кобе́ль
Rüde, коше́ль *Geldbeutel*, коросте́ль *Wachtelkönig*;

кирпи́ч -á GPl -éй *Ziegel*, парали́ч *Lähmung*, кули́ч *Osterkuchen*, магари́ч *Geschenk* (bei getätigt. Handel);

сентя́брь -я́ GPl -éй *September*, октя́брь, ноя́брь, дека́брь.

§ 34 6. Beispiele, die sich auch paradigmatisch-morphologisch wechselseitig stützen (a) sowie isolierte Bildungen (b):

(a) воробе́й -бья́ GPl -ьёв *Sperling*   лиша́й -я́ Pl -и́ -ёв *Flechte*
соловей -вья́ GPl -ьёв *Nachtigal*   буга́й GPl -ёв   *Stier*
мураве́й -вья́ GPl -ьёв *Ameise*   холу́й GPl -ёв   *Kriecher*
репе́й   -пья́ GPl -ьёв *Klette*   валу́й GPl -ёв   *Täubling*
ручей   -чья́ GPl -ьёв *Bach*   (Pilz)

гола́вль -я́ GPl -ле́й *Döbel*   коро́ль -я́ GPl -éй *König*
жура́вль -я́ GPl -ле́й *Kranich*   кара́сь -я́ GPl -éй *Karausche*
кора́бль -я́ GPl -ле́й *Schiff*

(b) жени́х -á GPl -óв *Bräutigam*   топо́р   *Axt*
бура́в   *Bohrer*   четве́рг *Donnerstag*
живо́т   *Bauch*   осётр   *Stör*
леме́х   *Pflugschar*   хому́т   *Kummet*
карту́з   *Schirmmütze* тютю́н   *Tabak*

кишми́ш -á GPl -éй   *Art Rosinen*
куле́ш -á GPl -éй   *dünn. Brei*
ингу́ш GPl -éй   *Ingusch* (kaukas. Volk)

§ 35 7. Sonderfälle mit akzentuell isolierten Nom. Sing.:

у́гол G угла́ Pl -ы́ -óв *Winkel*   ¹у́горь -ря́ Pl -и́ -éй *Aal*

у́зел G узла́ Pl -ы́ -óв *Knoten*   ²у́горь -ря́ Pl -и́ -éй *Mitesser.*

§ 36 *II. Akzenttyp A₁.* Er begegnet in fünf Beispielen (mit der lautlichen Gemeinsamkeit des palatalen Auslautkonsonanten):

гвоздь G -я́   *Nagel*   — гво́зди -éй -я́м
груздь G -я́   *Milchpilz*   — гру́зди -éй -я́м
червь G -я́   *Wurm*   — че́рви -éй -я́м
конь G -я́   *Roß*   — ко́ни -éй -я́м
у́голь (!) G угля́ *Kohle*   — у́гли -éй -я́м

III. Akzenttyp B. Er liegt in den folgenden 12 Beispielen vor. § 37
Einige davon stehen durch ihre Pluralbildung* zusammen (a),
andere durch ihr Suffix (b):

(a) лист	G -á *Blatt*	— ли́стья	-ьев -ьям (*Laub*)
сук	G -á *Ast*	— су́чья	-ьев -ьям (*Geäst*)
прут	G -á *Rute*	— пру́тья	-ьев -ьям
кол	G -á *Pfahl*	— ко́лья	-ьев -ьям
клок	G -á *Büschel, Fetzen*	— кло́чья	-ьев -ьям
крюк	G -á *Haken*	— крю́чья	-ьев -ьям
лоску́т	G -á *Flicken*	— лоску́тья	-ьев -ьям

(b) зубо́к	-бка́ *Zähnchen*	— зу́бки зу́бков зу́бкам
глазо́к	-зка́ *Äuglein*	— гла́зки гла́зок гла́зкам
рожо́к	-жка́ *Signalhorn*	— ро́жки ро́жок ро́жкам
сапожо́к	-жка́ *Stiefelchen*	— сапо́жки -о́жок -о́жкам
щено́к	-нка́ *Welpe*	— щеня́та -я́т -я́там

Als einzige Personenbezeichnung gehört hierher каза́к G -á
Kosake, Pl каза́ки -за́ков -за́кам.

IV. Akzenttyp C. Sein teils schwankender (weil vielfach profes- § 38
sionell abweichend gebrauchter) Bestand umfaßt rund 250 Voka-
beln; davon ein Viertel Fremdwörter, die wenigstens partiell
seine Produktivität belegen.

1. Die Fremdwörter sind überwiegend mehrsilbig und begünsti-
gen die Endung PlN auf -á/-я́:

ма́стер Pl -á -о́в, до́ктор, дире́ктор, инспе́ктор, инстру́ктор,
конду́ктор, корре́ктор, профе́ссор, реда́ктор, ку́чер, ю́нкер,
ша́фер *Brautführer.* Ebenso: о́рден Pl -á -о́в, но́мер, па́спорт,
о́рдер, се́ктор, а́дрес, том (*Buch*) *Band,* тон, те́нор, ба́с, а́льт,
бу́нкер, тра́ктор, бу́фер *Puffer,* ко́рпус *Gebäudetrakt,* шу́лер
Falschspieler, при́мус *Petroleumkocher,* то́рмоз *Bremse,* ху́тор

---

* Vgl. dagegen die Pluralbildung gemäß dem Akzenttyp *A*:

лист	G -á *Blatt* (Papier)	— листы́ -о́в -а́м
сук	G -á *Astloch* (Brett)	— суки́ -о́в -а́м
прут	G -á *dünn. Metallstab*	— пруты́ -о́в -а́м
кол	G -á *schlecht. Note*	— колы́ -о́в -а́м
крюк	G -á *Neume, Notenzeich.*	— крюки́ -о́в -а́м
лоску́т	G -á *Flicken*	— лоскуты́ -о́в -а́м

Gutsland, сóрт *Sorte*, флю́гер *Wetterhahn*, ку́пол *Kuppel*, крéй-
сер *Kreuzer* (Schiff), кáтер *Kutter*, ки́вер *Tschako*, бу́ер *Segelboot*,
сéттер *Setter* (Hund), клéвер *Klee*; ferner: фельдъéгерь Pl -ря́
-рéй *Kurier*, лáгерь Pl -я́ -éй, ви́нкель *Winkelmaß*, фли́гель
Gebäudeteil, штéпсель *Stecker*, штéмпель, ки́тель *Kittel*, вéк-
сель *Wechsel* (Bank), пу́дель, я́корь *Anker*, вéнзель *Mono-
gramm*.

§ 39 2. Ein zählbarer Bestand indigener Bildungen teilt die morpho-
logischen Merkmale mit der oben beschriebenen Gruppe:
гóрод *Stadt* Pl -á -óв, гóлос *Stimme*, вéчер *Abend*, óбраз *Hei-
ligenbild*, óстров *Insel*, óтпуск *Urlaub*, пáрус *Segel*, пóезд (Eisen-
bahn) *Zug*, жёрнов *Mühlstein*, жёлоб *Rinne*, бóров *Rauchabzug*,
вéртел *Bratspieß*, пóгреб *Vorratskeller*, óвод *Bremse* (Insekt),
пóвод *Zügel*, óтруб *Eigengrund*, вóрох *Haufen*, кóроб *Bastkorb*,
ку́зов *Spankorb*, óкруг *Landkreis*, кóлокол *Glocke*, прóпуск
Passierschein, пóяс *Leibriemen*, нéвод gr. *Fischernetz*, óмут *Was-
serwirbel*, óткуп *Lizenz*, прóвод *Leitungskabel*, жéмчуг *Perle*,
óкорок *Keule* (Tier), чéреп *Schädel*, прóмысел *Gewerbe* Pl -слá,
я́стреб *Habicht*, стрéпет *Zwergtrappe*, тéтерев *Birkhuhn*, пéре-
пел *Wachtel*.
Ebenso: пóвар *Koch* -á -óв, при́став *Aufseher*, господи́н *Herr*,
Pl -дá -óд -дáм; ferner: сóболь *Zobelfell*, -я́ -éй, тóполь *Pap-
pel*, слéсарь *Schlosser*, тóкарь *Dreher*, пи́сарь *Schreiber*, пéкарь
Bäcker, стóрож *Wächter*, -á -éй.

Die Verwandtschaftsbezeichnungen (Titel) stehen zusammen:
дéверь *Schwiegervater* Pl -рья́ -рьёв und -рéй, князь *Fürst* Pl -зья́
-зéй, сын *Sohn* -овья́ -овéй, муж *Mann* -ья́ -éй; зять *Schwager*
-тья́ -ьёв, кум *Gevatter* -овья́ -вьёв.

§ 40 3. Innerhalb des Akzenttyps *C* zeichnet sich ein Drittel des
überwiegend indigenen Vokabelbestands durch das Merkmal
Einsilbigkeit aus. Die Beispiele (Lokativbildung) kennen im
Sg. Präp. eine eigene Form auf -ý. Die akzentuelle (SgP.
-ý) und die morphologische (PlN -á) Charakteristik kennt
Mischungsformen folgender Art:

(a) Ausschließlicher Gebrauch des Plurals auf -á/-я́ mit überwie-
gender (oder ausschließlicher) Verwendung des SgPräp. auf
-ý/-ю́ mit den Präpositionen на und/oder в:

бег	*Lauf,* (Pferde)-*Rennen*	на бегу́ : Pl -á -óв
бок	(Körper)*Seite*	на, в боку́ : Pl -á -óв
век	*Jahrhundert, Leben(szeit)*	на веку́ : Pl -á -óв
мех	*Pelzwerk*	в, на меху́ : Pl -á -óв
луг	*Wiese*	на лугу́ : Pl -á -óв
лес	*Wald*	в лесу́ : Pl -á -óв
лог	*breite Schlucht*	в логу́ : Pl -á -óв
цех	*Werkabteilung*	в цеху́ : Pl -á -óв
борт	(Schiff)*Bord*	на борту́ : Pl -á -óв
ток	*Balzplatz, Tenne*	на току́ : Pl -á -óв
шёлк	*Seide*	в, на шелку́ : Pl -á -óв
глаз	*Auge*	в, на глазу́ : Pl -á G глаз -áм
край	*Gegend*	в, на краю́ : Pl -я́ -ёв
бе́рег	*Ufer*	на берегу́ : Pl -á -óв
по́вод	*Zügel*	на поводу́ : Pl -á -óв
вес	*Gewicht*	(Adv. навесу́ *hängend*) : Pl. -á -óв
дом	*Haus*	(Adv. на дому́ *daheim*) : Pl -á -óв

(b) Ausschließlicher Gebrauch des Plurals auf -ы́/-и́ mit überwiegender (oder ausschließlicher) Verwendung des SgPräp. auf -ý/-ю́ mit den Präpositionen на und/oder в:

воз	*Fuhrwerk*	на возу́: Pl -ы́ -óв
нос	*Nase*	на, в носу́ : Pl -ы́ -óв
²мост	*Brücke*	на мосту́ : Pl -ы́ -óв
бал	*Ball, Tanz*	на балу́ : Pl -ы́ -óв
вал	*Wall*	на валу́ : Pl -ы́ -óв
дуб	*Eiche*	на дубу́ : Pl -ы́ -óв
торг	*Handel*	на торгу́ : Pl -и́ -óв
тыл	*Rücken* (Seite)	в тылу́ : Pl -ы́ -óв
жар	*Hitze*	в жару́ : Pl -ы́ -óв
зад	*Hinterseite*	на заду́ : Pl -ы́ -óв
кон	*Einsatzfeld* (Spiel)	на кону́ : Pl -ы́ -óв
бор	*Nadelwald*	в бору́ : Pl -ы́ -óв
паз	*Fuge, Ritze*	в, на пазу́ : Pl -ы́ -óв
пол	*Fußboden*	в, на полу́ : Pl -ы́ -óв
пар	*Dampf*	в, на пару́ : Pl -ы́ -óв
род	*Sippe*	в, на роду́ : Pl -ы́ -óв

след   *Fährte, Spur* в, на следу́ : Pl -ы́ -о́в
шкаф   *Schrank* в, на шкафу́ : Pl -ы́ -о́в
форт   *Fort* в, на форту́ : Pl -ы́ -о́в
лад   *Eintracht* в ладу́ : Pl -ы́ -о́в
верх   *Gipfel* на, в верху́ : Pl -и́ -о́в
долг   *Schuld* в долгу́ : Pl -и́ -о́в
мозг   *Gehirn* в мозгу́ : Pl -и́ -о́в
строй   *Glied, Reihe* в строю́ : Pl -и́ -ёв

(c) Es findet sich (unter Wahrung der grundlegenden akzentu-
ellen Opposition) im Pl.Nom. die Endung -ы́/-и́, im SgPräp.
aber gibt es mit den Präpositionen на und в (semantisch)
differenzierte bzw. auch nichtdifferenzierte Formen:

пир   *Mahl* в, на пиру́ und на, в пи́ре : Pl -ы́ -о́в
пот   *Schweiß* в поту́ und в по́те (лица́) : Pl -ы́ -о́в
ряд   *Reihe* в ряду́ und в ря́де : Pl -ы́ -о́в
сад   *Garten* в саду́ und в са́де : Pl -ы́ -о́в
мёд   *Honig* в меду́ und в, на мёде : Pl -ы́ -о́в
зоб   *Kropf* в, на зобу́ und в, на зо́бе : Pl -ы́ -о́в
час   *Stunde* в часу́ und в ча́се : Pl -ы́ -о́в
чан   *Bottich* в чану́ und в ча́не : Pl -ы́ -о́в
хлев   *Stall* в, на хлеву́ und в, на хле́ве : Pl -ы́ -о́в
спирт   *Spiritus* в, на спирту́ und в, на спи́рте : Pl -ы́ -о́в
таз   *Kessel* в тазу́ und в та́зе : Pl -ы́ -о́в
смотр   *Aufmarsch* на смотру́ und на смо́тре : Pl -ы́ -о́в
шаг   *Schritt* в шагу́ und в ша́ге : Pl -и́ -о́в
круг   *Kreis* в кругу́ und в кру́ге : Pl -и́ -о́в
дым   *Rauch* в дыму́ und в ды́ме : Pl -ы́ -о́в

(d) Der Akzenttyp erscheint im PlNom. gleichermaßen mit den
Morphemen -а́ und -ы́/-и́, wobei die Form mit -а́ eine pro-
fessionell spezifizierte Bedeutung begünstigt (insofern eine
semantische Differenzierung überhaupt vorliegt):

цвет *Blume, Farbe* Pl цветы́ *Blumen* und цвета́ -о́в *Farben*
хлеб *Brot, -getreide* Pl хлебы́ *Brote* und хлеба́ -о́в *Getreide*
счёт *Konto* (на -у́/на счёте): Pl счета́/счёты *Rechenmaschine*

гроб *Sarg, Grab* (в, на гробу́ und в, на гро́бе): Pl гроба́/гробы́
корм *Futter* (Tier) (на корму́ und на ко́рме): Pl корма́/кормы́

ход *Gang, Gehen* (в, на ходу́ und в, на хо́де): Pl хода́/ходы́
снег *Schnee* (в, на снегу́ und в, на сне́ге): Pl снега́/снеги́
стог *Schober* (в, на стогу́ und в, на сто́ге): Pl стога́/стоги́
год *Jahr* (в году́): Pl года́/го́ды (!): ста́рые го́ды *gute alte Zeit.*

4. Die Verlegung des Akzents auf Präpositionen wie по, на, из, § 41
   за, до, под und о begegnet in folgenden Fällen:

по — по́ боку, по́ лесу, по́ лугу, по́ саду, по́ миру, по́ снегу,
    по́ полу, по́ носу
на — на́ берег, на́ бок, на́ борт, на́ вечер, на́ воз, на́ год,
    на́ дом, на́ пол
из — и́з дому, и́з лесу
за — за́ бок, за́ борт, за́ год, за́ пояс, за́ усы
до — до́ дому, до́ полу
под (Akk) — по́д вечер, по́д нос, по́д пол
о, об (Akk) — о́ бок, о́б пол

5. Allein durch die den Typ *C* auszeichnende akzentuelle Oppo- § 42
   sition (ohne jegliches morphologisches Merkmal im Sg. Präp.
   oder Pl. Nom.) kehrt eine geringe Anzahl von Vokabeln wie-
   der:

пруд	*Teich* Pl пруды́ -о́в	ус	*Schnurrbart* Pl усы́ -о́в
пуд	*Gewichtmaß* Pl пуды́ -о́в	чуб	*Büschel* Pl чубы́ -о́в
дар	*Geschenk* Pl дары́ -о́в	тын	*Zaun* Pl тыны́ -о́в
пим	*Filzstiefel* Pl пимы́ -о́в	приз	*Trophäe* Pl призы́ -о́в
чин	*Rang* Pl чины́ -о́в	квас	*Kwaß* Pl квасы́ -о́в
хор	*Chor* Pl хоры́ -о́в	пук	*Bund* Pl пуки́ -о́в
шар	*Kugel* Pl шары́ -о́в		

слой *Schicht* Pl слой -ёв
буй *Boje* Pl буи́ -ёв
харч *Speise, Kost* Pl харчи́ -е́й
раз *Mal* (b. Zahlw.) Pl разы́ G раз

V. *Akzenttyp C₁.* Der Bestand beläuft sich auf rund 50 Vokabeln: § 43

(1) вор   *Dieb* Pl во́ры -о́в -а́м
    Бог   *Gott* Pl бо́ги -о́в
    волк *Wolf* Pl во́лки -о́в
    зуб   *Zahn* Pl зу́бы -о́в

слог *Silbe, Stil* Pl слóги -óв
пол *Sexus* Pl пóлы -óв
гром *Donner* Pl грóмы -óв
лом *Bruch* Pl лóмы -óв
фронт *Front* Pl фрóнты -óв
дол *Tal* Pl дóлы -óв
тон *Klang* Pl тóны -óв
вóлос *Haar* Pl вóлосы -лóс

(2) чёрт *Teufel* (ни чертá) Pl чéрти -éй -я́м
зверь G звéря *Raubtier* Pl звéри -éй -я́м
гость *Gast* Pl гóсти -éй
лось *Elch* Pl лóси -éй
гусь *Gans* Pl гýси -éй
гóлубь *Taube* Pl гóлуби -éй
лéбедь *Schwan* Pl лéбеди -éй
óкунь *Barsch* Pl óкуни -éй
óмуль *Renke* Pl óмули -éй
сóболь *Zobel* (Art) Pl сóболи -éй
кóзырь *Trumpf* Pl кóзыри -éй
жёлудь *Eichel* Pl жёлуди -éй
óбруч *Reif* (Faß) Pl óбручи -éй
крéндель *Brezel* Pl крéндели -éй
лéкарь *Arzt* Pl лéкари -éй
óвощ *Gemüse* meist Pl óвощи -éй

§ 44 Aus lautlich formalem Grund stehen enger zueinander:

пáрень G пáрня *Bursche* Pl пáрни -éй -я́м
кáмень G кáмня *Stein* Pl кáмни -éй -я́м
кóрень G кóрня *Wurzel* Pl кóрни -éй -я́м
стéбель G стéбля *Stengel* Pl стéбли -éй -я́м
лóкоть G лóктя *Ellbogen* Pl лóкти -éй -я́м
нóготь G нóгтя (Finger-, Fuß-) *Nagel* Pl нóгти -éй -я́м
кóготь G кóгтя *Kralle* Pl кóгти -éй -я́м
лáпоть G лáптя *Bastschuh* Pl лáпти -éй -я́м.

Es heißt гóспиталь *Hospital* Pl гóспитали -éй -я́м.

VI. Akzenttyp D. Über 90 v. H. des Gesamtbestandes der Maskulina gehört diesem Akzenttyp an. Im Ausschlußverfahren sind

aus dieser Unmenge jene ein- und zweisilbigen Exempel auszu-
gliedern, die aufgrund morphologischer Ähnlichkeit mit solchen
anderer Akzenttypen zu einer Unsicherheit beim Erlernen ver-
leiten könnten.

1. Die folgenden Beispielgruppen (a, b, c) berücksichtigen ausge-
wählte Vokabeln mit unverrückbarer Akzentstelle:

(a) Einsilber mit unverrückbarer Akzentstelle: § 45

бес	*bös. Geist* бе́сы бе́сов		зубр	*Wisent* зу́бры -ов
брод	*Furt* бро́ды -ов		рак	*Krebs* ра́ки -ов
вид	*Aussehen, Art* ви́ды -ов		рык	*Gebrüll* ры́ки -ов
визг	*Winseln* ви́зги -ов		сан	*geistl. Würde* са́ны -ов
вяз	*Ulme* вя́зы -ов		храм	*Tempel* хра́мы -ов
гад	*Reptil* га́ды -ов		лов	*Fang, Jagd* ло́вы -ов
гон	*Treibjagd* го́ны -ов		лук	*Bogen* (Waffe) лу́ки -ов
горн	*Feueresse* го́рны -ов		мак	*Mohn* ма́ки -ов
граб	*Weißbuche* гра́бы -ов		мот	*Verschwender* мо́ты -ов
груз	*Last* гру́зы -ов		мыс	*Landzunge* мы́сы -ов
гул	*Getöse* гу́лы -ов		нрав	*Sitte* нра́вы -ов
сват	*Brautwerber* сва́ты -ов		пах	*Leistengegend* па́хи -ов
свист	*Pfiff* сви́сты -ов		хрип	*heis. Ton* хри́пы -ов
стон	*Stöhnen* сто́ны -ов			
страх	*Angst* стра́хи -ов		лик	*Antlitz* ли́ки -ов
клад	*Schatz* кла́ды -ов		стук	*Klopfen* сту́ки -ов
клён	*Ahorn* клёны -ов		тис	*Eibe* ти́сы -ов
клик	*Ruf* кли́ки -ов		ток	*Strom* то́ки -ов
клюв	*Schnabel* клю́вы -ов		тру́п	*Leiche* тру́пы -ов
кляп	*Knebel* кля́пы -ов		трут	*Zunder* тру́ты -ов
крик	*Schrei* кри́ки -ов		ферт	*Stutzer* фе́рты -ов
лаз	*Schlupfloch* ла́зы -ов		член	*Mitglied* чле́ны -ов
дед	*Großvater* де́ды -ов		яд	*Gift* я́ды -ов
дух	*Geist* ду́хи -ов		брак	*Ehe* бра́ки -ов
жбан	*Holzkanne* жба́ны -ов		внук	*Enkel* вну́ки -ов
звук	*Laut* зву́ки -ов		спор	*Streit* спо́ры -ов
зев	*Rachen* зе́вы -ов		мол	*Mole* мо́лы -ов
знак	*Zeichen* зна́ки -ов		шлях	*Landstraße* шля́хи -ов
зов	*Ruf* зо́вы зо́вов		яр	*Abhang* я́ры -ов

клуб, нерв, флаг *Flagge*, фонд, джаз *Jazz*, лак, банк, танк *Panzer*, парк, зал, крем, грамм, ритм, фильм, план, кран, гимн *Hymne*, тип *Typ*, темп *Tempo*, краб *Krabbe*, негр, тигр, жанр *Genre*, метр, литр, класс, вальс, пульс, факт, пункт, фрукт *Obst*, фунт *Pfund*, торт *Torte*, жест *Geste*, текст, лифт.

§ 46 (aa) Aus morphologischen Gründen stehen zueinander:

вепрь	*Eber*	ве́при -ей
вихрь	*Wirbelwind*	ви́хри -ей
вопль	*Wehruf*	во́пли -ей
тесть	*Schwiegervater* -	те́сти -ей
страж	*Wächter*	стра́жи -ей
кличь	*Ruf*	кли́чи -ей
кош	*Korb, Berghütte*	ко́ши -ей
плач	*Klage*	пла́чи -ей
кряж	*Bergkette, Holzbalken*	кря́жи -ей

брат	*Bruder*	бра́тья -тьев
стул	*Stuhl*	сту́лья -льев
брус	*vierkant. Balken*	бру́сья -сьев
клин	*Keil*	кли́нья -ньев
ком	*Klumpen*	ко́мья -мьев
луб	*Bast*	лу́бья -бьев
струп	*Schorf*	стру́пья -пьев

змей	*Drache*	зме́и зме́ев
клей	*Leim*	кле́и кле́ев
крой	*Schnitt*	кро́и кро́ев

по́лоз	*Kufe*	поло́зья -зьев
ко́лос	*Ähre*	коло́сья -сьев

§ 47 (b) Zweisilbige mit unverrückbarer Akzentstelle:

овра́г	*Schlucht*	наро́д	*Volk*
поро́г	*Türschwelle*	алма́з	*Diamant*
неду́г	*Leiden*	моро́з	*Frost*
досу́г	*Muße*	арбу́з	*Wassermelone*

кинжа́л	Dolch	зака́з	Auftrag
вокза́л	Bahnhof	зажи́м	Klemme
крахма́л	Stärke (Mehl)	запа́с	Vorrat
восто́к	Osten	запре́т	Verbot
наха́л	Flegel	затво́р	Verschluß
стака́н	Glas	испу́г	Schreck
карма́н	(Rock)Tasche	набе́г	Überfall
кашта́н	Kastanie	обе́д	Mittagessen
павли́н	Pfau	обма́н	Betrug
кувши́н	Krug	обры́в	Abgrund
зако́н	Gesetz	обря́д	Ritus
вопро́с	Frage	отве́т	Antwort
докла́д	Vortrag	отря́д	Abteilung
кошма́р	Alpdruck	отчёт	Rechenschaft
приме́р	Beispiel	погро́м	Hetze, Pogrom
собо́р	Kathedrale	подва́л	Keller
фарфо́р	Porzellan	подно́с	Tablett
футля́р	Futteral	позо́р	Schande
матра́с	Matratze	позы́в	Drang, Reiz
кана́т	Seil	покло́н	Verbeugung
предме́т	Gegenstand	покро́в	Decke, Hülle
бере́т	Baskenmütze	помёт	Mist
паште́т	Pastete	поро́к	Laster
ау́л	Aul	посе́в	Aussaat
костю́м	Anzug	пото́к	Strom, Fluß
болва́н	Dummkopf	пото́п	Sintflug
орга́н	Orgel	почёт	Ehre
лимо́н	Zitrone	преде́л	Grenze
това́р	Ware	прию́т	Obdach
азо́т	Stickstoff	проро́к	Prophet
ую́т	Wohnlichkeit	развра́т	Unzucht
оре́х	Nuß	разгу́л	Ausschweifung
горо́х	Erbse	разме́р	Ausmaß
подъём	Aufstieg	раско́л	Schisma
пожа́р	Brand	расстре́л	Erschießung
доно́с	Denunziation	сою́з	Union
дохо́д	Einkommen	супру́г	Gatte
забо́р	Zaun	успе́х	Erfolg
заво́д	Fabrik	уста́в	Statut

аре́ст, база́р, бензи́н, биле́т, бульва́р, буфе́т, ваго́н, декре́т, дельфи́н, дива́н, дипло́м, дрена́ж, журна́л, зигза́г *Zickzack*, кали́бр, кана́л, карто́н, кварта́л, комо́д *Komode*, конве́рт *Kuvert*, костю́м *Anzug*, креди́т, мане́ж, мета́лл, мото́р, пара́д *Aufmarsch*, парке́т, портве́йн, портре́т, поэ́т, прогре́сс, проду́кт, райо́н, режи́м, резе́рв, реко́рд, ремо́нт *Reparatur*, реце́пт, секре́т *Geheimnis*, сена́т, сигна́л, скеле́т, солда́т, сюрпри́з *Überraschung*, тала́нт *Talent*, тари́ф, тало́н *Kupon*, теа́тр, терро́р, тира́н, трамва́й, триу́мф, трофе́й, турни́р, тюльпа́н *Tulpe*, ула́н, фаго́т, фаза́н, фаса́д, фасо́н, фая́нс, фина́л, флако́н *Fläschchen*, фонта́н *Fontäne*, швейца́р *Pförtner*, шофёр, шпина́т, экра́н *Filmleinwand, Bildschirm*, экста́з, эта́п, эфи́р *Äther*, шеде́вр *Meisterwerk*.

медве́дь	*Bär* Pl медве́ди -ей	геро́й	*Held* Pl геро́и -ев
оле́нь	*Hirsch* Pl оле́ни -ей	музе́й	*Museum* Pl музе́и -е́ев
пейза́ж	*Landschaft* GPl -ей		
сара́й	*Schuppen* Pl сара́и -ев	буржу́й	*Bourgeois* Pl -у́и -у́ев

§ 48 (c) Drei- und mehrsilbige mit unverrückbarer Akzentstelle:

виногра́д *Weintraube, -stock*, бутербро́д *belegte Schnitte*, изумру́д *Smaragd*, алфави́т *ABC*, бегемо́т *Nilpferd*, баклажа́н *Aubergine*, абажу́р *Lampenschirm*, метео́р, магази́н *Ladengeschäft*, абрико́с, анана́с, бенефи́с *Wohltätigkeitsveranstaltung*, велосипе́д *Fahrrad*, идеа́л, горизо́нт *Horizont*, обели́ск, одеколо́н, тротуа́р, хулига́н *Rowdy*, лабири́нт, миллио́н, минера́л, медальо́н, шокола́д, павильо́н.

§ 49 2. Einen Präpositiv auf -у́/-ю́ kennen in Verbindung mit den Präpositionen в und/oder на folgende Vokabeln:

ве́тер	*Wind* на ветру́	пах	*Leistengegend* в паху́
вид	*Aussehen* на виду́, ввиду́ (Adv.)	пыл	*Feuerhitze* в пылу́
		свет	*Licht, Welt* на свету́
дух	*Geist* на духу́ i. d. Beichte	сок	*Saft* в соку́, на соку́
		под	*Ofenboden* на поду́
клей	*Leim* на клею́	шлях	*Landstraße* на шляху́
мол	*Mole* на молу́	яр	*Abhang* на яру́
мыс	*Landzunge* на мысу́		

Ebenso verhalten sich ад *Hölle*, бред *Fieberphantasie*, быт *Lebensweise*, мел *Kreide*, плен *Gefangenschaft*, пух *Daunenflaum*, рай *Paradies*, хмель *Rausch*, чад *Qualm*, die indes keinen Plural bilden.

Mit akzentuierter Präposition stehen: нá ветер *an die Luft*, и́з виду *aus den Augen*, дó свету *vor Tagesanbruch*, сó смеху *vor Lachen*.

3. Die Maskulina des *Akzenttyps D* sind vielfach suffigiert, und § 50 der reiche Bestand beruht im Wesentlichen darauf. Soweit es sich um internationale stets betonte Suffixe handelt, bereiten diese keinerlei Schwierigkeit, denn der Akzent ist stabil: коммуни́ст, маркси́зм, агéнт, реакционéр, революционéр, бригади́р, саботáж, арестáнт, репортёр, бюрокрáт, банди́т.

Dasselbe gilt von den spärlichen Gebilden auf -áй/-éй/-я́й: урожáй *Ernte*, горностáй *Hermelin*, богатéй *Reicher*, суховéй *heißer Wind*, чародéй *Hexenmeister*, лакéй *Lakai*, негодя́й *Schurke*, нагоня́й *Rüge*, лентя́й *Faulpelz*.

4. Es stehen gerade unter akzentuellem Gesichtspunkt jeweils § 51 für sich gruppenbildend:

афи́нянин	*Athener*	Pl афи́няне	G -и́нян
лати́нянин	*Lateiner*	Pl лати́няне	G -и́нян
ри́млянин	*Römer*	Pl ри́мляне	G ри́млян
южáнин	*Südländer*	Pl южáне	G -áн
англичáнин	*Engländer*	Pl -áне	G -áн
горожáнин	*Städter*	Pl -áне	G -áн
парижáнин	*Pariser*	Pl -áне	G -áн
дворяни́н	*Adliger*	Pl -я́не	G -я́н
славяни́н	*Slawe*	Pl -я́не	G -я́н
христиани́н	*Christ*	Pl -áне	G -áн
граждани́н	*Bürger*	Pl грáждане (!)	G грáждан

5. Der Akzenttyp *D* der Maskulina kennt dank einigen *Suffixen* § 52 eine bescheidene Produktivität:

-и́тель, -áтель, -éтель: мысли́тель *Denker*, обвини́тель *Ankläger*, сопроводи́тель *Begleiter*, уравни́тель *Gleichrichter*, звукоуловитель *Horchgerät*, мечтатель *Träumer*, писатель *Autor*, предсказатель *Vorhersager*, изобретатель *Erfinder*, очковтиратель *Betrüger*, свидетель *Zeuge*, благодетель *Wohltäter;*

-ец, (-áв)ец, (-́л)ец, (-áн/-я́н)ец: живописец -сца *Kunstmaler*, стихотворец *Dichter*, уроженец *Gebürtiger*, красавец *schöner Mann*, скандинавец *Skandinavier*, страдалец -льца *Dulder*, доброволец -льца *Freiwilliger*, кормилец -льца *Ernährer*, погорелец -льца *Abgebrannter*, комсомолец; самозванец -нца *Usurpator*, оборванец *Zerlumpter*, вегетарианец, итальянец *Italiener*, американец, гегельянец *Hegelianer*, фейербахианец;

-ик: садик *Gärtlein*, столик *Tischchen*, козлик *Böcklein*, томик *Bändchen* (Buch), ёжик *kl. Igel*, коврик *kl. Teppich*, дождик *Regenschauer*, комарик *kl. Mücke*, рассказик *kl. Erzählung;*

-чик: зайчик *Häslein*, стаканчик *Gläschen*, кончик (zu конец) *Ende*, кончик языка *Zungenspitze*, огурчик *kl. Gurke*, кувшинчик *kl. Krug*, птенчик *Nestling* (Vogel); извозчик *Fuhrmann*, газетчик *Journalist, Zeitungsverkäufer;*

-щик: обманщик *Betrüger*, магазинщик *Ladenbesitzer, Magazinarbeiter*, погромщик *Pogromveranstalter*, заливщик *Gießer;*

-ок: список -ска *Verzeichnis*, набросок *Entwurf*, участок *Parzelle*, напиток -тка *Getränk*, замок -мка *Burg, Schloß.*

II. Die Akzentparadigmen der Neutra

§ 53   Folgende Akzentparadigmen sind im Neutrum realisiert: $A\ A_1$ $B\ C\ C_1$ und D. Der Anteil der einzelnen Typen am Gesamtbestand zeichnet sich durch auffällige Disproportionen aus. So umfaßt der stabile Akzenttyp D etwas über 97 v. H. aller Neutra; der stabile Akzenttyp A dagegen nur rund zweieinhalb Prozent.

Wiederum ist der Rest, der auf die übrigen im Neutrum vertretenen Akzenttypen entfällt, auf jeweils zählbare Beispiele beschränkt.

Neutrum

	A	A_1	B	C	C_1	D
Sg. N	■	■	■	□	□	□
G	■	■	■	□	□	□
D	■	■	■	□	□	□
A	■	■	■	□	□	□
I	■	■	■	□	□	□
P	■	■	■	□	□	□
Pl. N	■	□	□	■	□	□
G	■	■	□	■	■	□
D	■	■	□	■	■	□
A	■	□	□	■	□	□
I	■	■	□	■	■	□
P	■	■	□	■	■	□

A = очкó *Auge* (Spielk.)
    существó *Wesen*
A_1 = плечó *Schulter*
    таврó *Brandmal*
B = лицó *Gesicht*
    селó *Dorf*

C = мéсто *Ort*
    пóле *Feld*
C_1 = óко *Ohr*
    ýхо *Ohr*
D = блюдо *Gericht, Schüssel*
    болóто *Sumpf*

I. Akzenttyp A. Dieser Akzenttyp ist unter den als Simplizia § 54 empfundenen Neutra nur ganz sporadisch vertreten. Selbst unter Beachtung der suffigierten Beispiele wird der Akzenttyp nur auf 130 Vokabeln geschätzt.

1. a) Über vollständige Paradigmen verfügen:

очкó   Pl очкú очкóв очкáм   *Auge, Punkt*
ушкó   Pl ушкú ушкóв ушкáм   *Henkel*
брюшкó Pl брюшкú брюшкóв -кáм *Bauch* (Mensch, Tier)
озеркó Pl озеркú озеркóв -кáм   *kl. See*

    b) Als nicht abgeleitet gelten die Singularia tantum:

добрó   *Wohltat*   серебрó *Silber*
злó   *Böses*   барахлó *Kram*
теплó   *Wärme*   толокнó *Hafermehl*
нутрó   *Eingeweide*   молокó *Milch*
пшенó   *Hirse*

§ 55　2. Neutra des Akzenttyps *A* mit produktiven *Suffixen*:

-ствó: существó *Wesen*, веществó *Stoff*, торжествó *Feier*;
ohne Plur. Рождествó *Weihnachten*, большинствó
Mehrheit, вдовствó *Witwenstand*, старшинствó *Dienst-
alter*, щегольствó *Putzsucht*, хвастовствó *Prahlerei*;

-ьё: питьё Pl питья́ питéй -тья́м *Getränke*
остриё Pl острия́ остриёв -ия́м *Schneide*
житиé Pl жития́ жити́й -ия́м *Heiligenleben*

ferner: старьё *altes Zeug*, зверьё *Raubtiere*, мытьё *Waschen*,
бельё *Wäsche*, гнильё *Vermodertes*, чутьё *Empfindung*,
жульё *Gaunergesindel*;

-цó: деревцó Pl деревца́ -цóв -ца́м *Bäumlein*
кружевцó Pl кружевца́ -цóв -ца́м *Kleiderspitzen*

§ 56　*II. Akzenttyp A₁.* Er ist im Neutrum nur durch drei Beispiele
vertreten. So gehört hierher плечó *Schulter* Pl плéчи плеч (alt
плечéй) плеча́м. Ferner крыльцó *Treppenvorbau* Pl кры́льца
крылéц, крыльца́м, schließlich таврó *Brandmal* (bei Tieren) Pl
та́вра тавр тавра́м.

§ 57　*III. Akzenttyp B.* Er liegt in etwa 70 Beispielen vor. Der Spre-
cher von heute wertet diese als nicht abgeleitet.

1. a) Zweisilbige Neutra:

лицó	*Gesicht, Person*	пятнó	*Fleck* GPl пя́тен
винó	*Wein*	окнó	*Fenster* GPl óкон
рунó	*Vlies*	сукнó	*Tuch* GPl су́кон
селó	(Kirch-) *Dorf* GPl сёл	стегнó	*Hüfte* GPl стёгон
гнездó	*Nest* GPl гнёзд	письмó	*Brief* GPl пи́сем
бедрó	*Hüfte* GPl бёдер	бельмó	*weißer Star* GPl
ведрó	*Eimer* GPl вёдер		бельм
ребрó	*Rippe* GPl рёбер	клеймó	*Brandmal* GPl клейм
ядрó	*Kugel* GPl я́дер	ярмó	*Joch* Pl я́рма ярм
бревнó	*Balken* GPl брёвен	седлó	*Sattel* GPl сёдел
зернó	*Korn* GPl зёрен	стеклó	*Glas* GPl стёкол
веслó	*Ruder* GPl вёсел	тяглó	*Spanndienst* тя́гол
числó	*Zahl* GPl чи́сел	сверлó	*Bohrer* GPl свёрл

кайло́	*Spitzhacke* GPl кайл	дупло́	*Baumhöhlung* GPl
сопло́	*Düse* GPl со́пел		ду́пел (дупл)
	(сопл)	гумно́	*Tenne* GPl гу́мен
			(гумён)

b) Dreisilbige Neutra:

долото́   *Meißel*
колесо́   *Rad* GPl -лёс
решето́   *groß. Sieb* GPl -шёт
ремесло́   *Handwerk* GPl -мёсел
полотно́   *Leinengewebe* GPl -ло́тен
волокно́   *Faser* GPl -ло́кон
веретено́ *Spindel* GPl -тён

c) Durch ihre Pluralbildung stehen zueinander:

перо́ Pl пе́рья пе́рьев *Feder*
звено́ Pl зве́нья зве́ньев *Glied*
крыло́ Pl кры́лья кры́льев *Flügel*
копьё Pl ко́пья ко́пий ко́пьям *Speer, Lanze*
ружьё Pl ру́жья ру́жей ру́жьям *Flinte*
кольцо́ Pl ко́льца ко́лец *Ring*
берцо́ Pl бёрца бёрец *Schienbein*
яйцо́ Pl я́йца яйц (!) я́йцам *Ei*

2. Abgeleitet sind für das Verständnis des Sprechers die über § 58
eine Pluralform verfügenden Gebilde: меньшинство́ *Minder-*
heit Pl меньши́нства, озерцо́ *kl. See* Pl озёрца озёрец озёр-
цам.

IV. Akzenttyp C. Dazu gehören rund dreißig Neutra, die dem
gegenwärtigen Sprachempfinden nach als nicht abgeleitet gel-
ten:

1. ме́сто	*Platz* Pl места́ мест	де́ло	*Sache* GPl дел	§ 59
ле́то	*Sommer* Pl *Jahre* GPl лет			
те́ло	*Körper* GPl тел	сло́во	*Wort*	
мы́ло	*Seife*	пра́во	*Recht*	
ста́до	*Herde*	ма́сло	*Öl* GPl ма́сел	
во́йско	*Heer* GPl войск	¹су́дно	*Schiff* Pl суда́ -до́в	

поле   *Feld* Pl поля полей
море   *Meer* Pl моря морей
сердце *Herz* GPl сердец

Einer alten Regel folgend, die nur noch partiell intakt ist, wird im Singular der Akzent auf die Präposition зá bzw. нá verlagert bei море, сердце und слово. Ferner ebenso bei пó mit Dativ (море, сердце, небо). Merke: ý моря, зá морем, зá полем. Solcher Gebrauchsweise verdankt das Adverb вóвремя *rechtzeitig* seine Entstehung.

§ 60 2. Eine kleine Gruppe von Neutra kennt die Stammerweiterung:

время	*Zeit* Pl временá времён	стремя	*Steigbügel* GPl стремян
имя	*Name* GPl имён	небо	*Himmel* Pl небесá небéс
племя	*Stamm* GPl племён		
семя	*Samen* GPl семян	чýдо	*Wunder* GPl чудéс

§ 61 3. Dreisilbige, die als nicht abgeleitet gelten:
зéркало   *Spiegel* Pl зеркалá зеркáл
óблако   *Wolke* Pl облакá облакóв
крýжево   (Kleid-)*Spitze* Pl кружевá крýжев (!)

§ 62   *V. Akzenttyp C₁.* Er liegt vor in den beiden Beispielen óко *Auge* Pl óчи очéй очáм sowie ýхо *Ohr* Pl ýши ушéй ушáм. Zu beachten ist: нá ухо, зá ухо, зá уши, ferner: пó уху, пó уши.

VI. Akzenttyp D. Der Grundtyp D mit rund 97 v.H. aller Neutra ist bezüglich der Produktivität nicht eindeutig zu charakterisieren. Da die übrigen neutralen Grundtypen in einer weithin vollständigen Aufzählung vorgeführt worden sind, gilt dieser stets nichtendbetonte Typ als im Ausschlußverfahren mitbeschrieben.

§ 63 1. Zweisilbige Neutra:

сито	*Sieb*	чрéво	*Bauch*
сéно	*Heu*	рыло	*Rüssel*
блáго	*Wohl, Nutzen*	ýтро	*Morgen*
гóрло	*Kehle*	жáло	*Stachel* (Insekten)

дуло	Mündung (Schuß-	нёбо	Gaumen
	waffen)	жниво	Stoppelfeld
пойло	Tränke	чадо	Kind
русло	Flußbett GPl русл	²судно	Gefäß GPl суден
кресло	Lehnstuhl GPl кресел	вече	Versammlung
стойло	Box (Pferd)	ложе	Bett, Flußbett

Das Substantiv утро kennt mit Präpositionen die Akzentuierung: до утра, от утра, с утра, к утру, по утрам.

солнце	Sonne GPl солнец
дульце	Mundstück GPl дулец
блюдце	Untertasse GPl блюдец
веко	Augenlid Pl веки век

шило	Ahle Pl шилья шильев
платье	Kleid Pl платья платьев
зелье	Getränk aus Kräutern Pl зелья зелий

Eine Gruppe für sich bilden die Singularia tantum: пекло *Hölle*, пиво *Bier*, просо *Hirse*, сало *Fett, Speck*, тесто *Teig*, мясо *Fleisch*, жито *Getreide*, иго *Joch*, лихо *Böses*, лоно (liter.) *Schoß*, пузо (vulg.) *Bauch*, горе *Leid*.

2. Mehrsilbige Neutra, die für das gegenwärtige Sprachempfin- § 64
   den als nicht abgeleitet gelten:

болото	Sumpf, Moor
начало	Anfang (Sg), Grundlage (Pl)
коромысло	Brunnenschwengel GPl -мысел
полотенце	Handtuch
правило	Regel
¹колено	Knie Pl колени коленей коленям
железо	Eisen, Eisenwaren
корыто	Trog
копыто	Huf
чучело	Vogelscheuche
яблоко	Apfel Pl яблоки яблок

Ohne Pluralformen erscheinen: золото *Gold*, олово *Zinn*.

§ 65 3. Es stehen für sich:

дéрево *Baum* Pl дерéвья дерéвьев
²колéно *Stengelglied* Pl колéнья колéньев
полéно *Holzscheit* Pl полéнья полéньев
óзеро *See* Pl озёра озёр
знáмя *Banner* Pl знамёна знамён

§ 66 4. Der Akzenttyp *D* der Neutra verdankt seine Produktivität
zahlreichen *Suffixen*, von denen nur einige hier erwähnt wer-
den:

-ство: госудáрство GPl -рств *Staat*, богáтство *Reichtum*, вáр-
варство *Barbarei*, áвторство *Autorschaft*, новáторство
Neuerung;

-ие/-ье: распýтье GPl -тий *Wegscheide*, ущéлье GPl -лий *Spalt*,
поголóвье GPl -вий *Viehbestand*, развúтие *Entwicklung*,
открúтие *Entdeckung*;

-ище: убéжище GPl -ищ *Zufluchtsort*, прóзвище *Spitzname*,
чистúлище *Fegefeuer*, влагáлище *Scheide*, седáлище
Gesäß, Sessel, пристáнище *Obdach*;

-ко: ведёрко Pl -ки -ков *Eimerchen*, яúчко Pl -ки -чек *Hoden*,
словéчко Pl -ки -чек *Wörtchen*, лúчико Pl -ки -ков *kl.*
Gesicht, плéчико *Schulterchen*;

-ышко/-ишко: пёрышко Pl -ки -шек *Federchen*, сóлнышко *liebste Sonne*, пятнышко *Flecklein*, плáтьишко Pl -ки
-шек *Kleidchen*;

-úшко: рублúшко (abfällig für) *Rubel*, сердчúшко (-рч-) *Herz-chen*, животúшко (zärtl. f.) *Bauch*;

-áние (-áнье): дыхáние *Atmung*, сосáние *Saugen*, восстáние
Aufstand, обещáние *Versprechen*;

-éние (-éнье): рождéние *Geburt*, унижéние *Kränkung*, сбли-
жéние *Annäherung*.

III. Die Akzentparadigmen der Feminina

§ 67   Folgende Akzentparadigmen sind im Femininum realisiert: *A*
A_1 A_2 A_s *B* B_2 C_1 und *D*. Dabei umfassen die Beispiele mit dem
primär das Femininum kennzeichnenden morphologischen

Merkmal -a/-я in den Akzenttypen mit stabilem Akzent, also in den Typen D und A, rund 98 v.H. des Bestands, wobei Typus D natürlich dominiert.

Die Typen A_1 A_2 A_s B B_2 und C_1 erscheinen jeweils mit geradewegs zählbaren Beispielen, deren Anzahl zusammen rund 180 Substantive ausmacht. Nicht zuletzt beruht aber auf diesen der summarische und gewiß irrige Eindruck von der Verworrenheit der Akzentverhältnisse bei diesem grammatischen Genus.

Femininum

	A	A_1	A_2	A_s	B	B_2	C_1	D
Sg. N	■	■	■	■	■	■	□	□
G	■	■	■	■	■	■	□	□
D	■	■	■	■	■	■	□	□
A	■	■	□	■	■	□	□	□
I	■	■	■	□	■	■	□	□
P	■	■	■	■	■	■	□	□
Pl. N	■	□	□	■	□	□	□	□
G	■	■	■	■	□	□	■	□
D	■	■	■	■	□	□	■	□
A	■	□	□	■	□	□	□	□
I	■	■	■	□	□	□	■	□
P	■	■	■	■	□	□	■	□

A = тетивá *Bogensehne*
    кишкá *Darm*
A_1 = губá *Lippe*
    свечá *Kerze*
A_2 = ногá *Fuß, Bein*
    рукá *Hand, Arm*
A_s = вошь *Laus*
    любóвь *Liebe*

B = вдовá *Witwe*
    травá *Gras*
B_2 = водá *Wasser*
    зимá *Winter*
C_1 = кисть *Pinsel*
    мышь *Maus*
D = лúпа *Linde*
    рúба *Fisch*

I. Akzenttyp A. Hierher gehören nur wenige slawisch indigene § 68 Wörter; es dominieren Vokabeln zumeist orientalischen Ursprungs. Der Gesamtbestand wird auf 410 Vokabeln geschätzt, die in der Regel wenig gebräuchlich sind. Die Anzahl der Singularia tantum beträgt rund 70 Wörter. Der Versuch einer durchgehenden und übersichtlichen semantischen Gruppierung scheitert an der schillernden Vielfalt vorliegender Sachbedeutungen. Am ehesten ließen sich noch die meist sehr alten Entlehnungen aus östlichen Sprachen aussondern. Sie stellen eine beachtliche Gruppe vielfältiger Bedeutungsbereiche dar.

§ 69 1. Für Personen beiderlei Geschlechts (genus commune), vielfach fremden Ursprungs, stehen:

балда́	*Dummkopf*	ханжа́	*Heuchler*
брюзга́	*Nörgler*	тахта́	*Tölpel*
юла́	*unruhig. Mensch*	галда́	*Schreihals*
егоза́	*zapplig. Mensch*	шантрапа́	*Tunichtgut*
зуда́	*aufdringl. Mensch*	таранта́	*Schwätzer*
кульга́	*Lahmer*		

§ 70 2. Wenige weibliche Personenbezeichnungen, überwiegend indigen:

госпожа́	*Frau*		
княжна́	*Prinzessin* GPl -жо́н	кума́	*Gevatterin*
швея́	*Näherin*	раба́	*Sklavin*
жнея́	*Schnitterin*	карга́	*Alte, Hexe*

§ 71 3. Zahlreiche Gerätenamen oder Sachbezeichnungen, zumeist wiederum fremder Herkunft. (Eine sinnvolle Untergliederung ist schwierig, die nach der Silbenzahl zumindest rhythmisch):

полынья́	*aufgetaute Stelle im Eis* GPl -не́й	кобура́	*Pistolentasche*
		епанча́	*Umhang*
кочерга́	*Feuerhaken* GPl -рёг	паранджа́	*Frauenmantel mit Gesichtsschleier*
конура́	*Hundehütte*	острога́	*Fischgabel*
бахрома́	*Franse*	бечева́	*Tau, Schlepptau*
колея́	*Gleis*	чехарда́	*Bockspringen*
пелена́	*Schleier, Windel*	коляда́	*Weihnachtsbrauch, -gesang*
ерунда́	*Unsinn* (o. Pl.)		
чепуха́	*Unsinn*	кисея́	*Nesseltuch* GPl -е́ей
белена́	*Bilsenkraut*	курага́	*Dörrobst* (Aprikosen)
конопля́	*Hanf*		
пиала́	*Tasse* (ohne Henkel)	мишура́	*Goldfaden, Litze*
каланча́	*Wachturm*	алыча́	*Schlehe*

4. Eine praktische oder sogar sinnvolle Untergliederung ist auch § 72
für die folgenden Zweisilber nicht möglich. Die Vokabeln
indigener Herkunft überwiegen:

хвала́	*Lob*	фата́	*Umhangtuch*
хула́	*Tadel*	шлея́	*Hinterriemen am Pfer-*
черта́	*Linie*		*degeschirr*
чета́	*Paar*	мука́	*Mehl*
тайга́	*Taiga*	еда́	*Essen*
статья́	*Artikel* GPl -те́й	езда́	*Fahrt*
мечта́	*Wachtraum*	кора́	*Rinde*
квашня́	*Backtrog* GPl -не́й	чума́	*Pest*
клешня́	*Krebsschere* GPl -не́й	хандра́	*Schwermut*
ладья́	*gr. Boot* GPl -де́й	баржа́	*Lastkahn*
лапша́	*Nudelsuppe*	корчма́	*Schenke* GPl -че́м
плева́	*Membrane*	бахча́	*Melonenfeld*
ступня́	*Fußsohle*	графа́	*Rubrik*
чека́	*Splint*	кишка́	*Darm* GPl -шо́к
стопа́	*Fuß*	мошна́	*Geldbeutel* GPl -шо́н
корма́	*Heck*	сума́	*Tasche, Beutel*
клюка́	*Krückstock*	чадра́	*Frauenschleier*
дуда́	*Hirtenpfeife*	чалма́	*Turban*
глиста́	(Darm-) *Wurm*	айва́	*Quitte*
бадья́	*Kübel* GPl -де́й	тоска́	*Schwermut*
кайма́	*Borte* GPl каём	треска́	*Dorsch*
кобза́	*ukr. Zupfinstrument*	фанза́	*Seidengewebe*
кутья́	*Gericht* (Reis und Ho-	тафта́	*Taft*
	nig) GPl -те́й	казна́	*Fiskus*
праща́	*Steinschleuder* GPl	парша́	*Krätze*
	-ще́й	муштра́	*Drill*
скуфья́	*Mönchsmütze* GPl		
	-фе́й		

5. Der Akzenttyp *A* der Feminina kennt dank einigen *Suffixen* § 73
eine bescheidene Produktivität. Es handelt sich bei den fol-
genden Ableitungen in der Regel um Singularia tantum:

-ина́: тишина́ *Stille*, ширина́ *Breite*, толщина́ *Dicke*, рыжина́
Fuchsröte, пестрина́ *Buntheit*;

-изна́: голубизна́ *Blau*, белизна́ *Weiß*, желтизна́ *Gelb*, левизна́
polit. Linke, крутизна́ *Steile*, кривизна́ *Krümmung*;

-отá: добротá *Güte*, быстротá *Schnelligkeit*, глухотá *Taubheit*, наготá *Blöße*, срамотá *Schande*, чистотá *Reinheit*, простотá *Schlichtheit*, тошнотá *Brechreiz*, мокротá *Nässe, Feuchtigkeit*;

-ьбá: борьбá *Kampf*, гульбá *Bummel*, ходьбá *Gehen*, пальбá *Schießen*, резьбá *Schnitzwerk*, молотьбá *Dreschzeit*, голытьбá *Habenichtse*, мольбá *Bitte*, косьбá *Mahd*;

-ня: родня́ *Verwandtschaft*, возня́ *Spektakel*, стряпня́ *Gebräu, Machwerk*, мазня́ *Kleckserei*, солдатня́ *Soldateska*;

-цá: ленцá *Faulheit*, трусцá *langs. Gangart*, рысцá *leichter Trab*.

§ 74   *II. Akzenttyp A₁.* Er erscheint im Femininum mit rund 40 Vokabeln. Darunter einige wenige mit häufiger Verwendung:

губá	*Lippe*	серьгá	*Ohrring* GPl -рёг
блохá	*Floh*	волнá	*Welle*
рекá	*Fluß* Pl рéки, рек	скамья́	*Bank* GPl -мéй
слезá	*Träne* Pl слёзы, слёз	копнá	*Heuschober* GPl -пён
пятá	*Ferse*	скирдá	*Getreideschober*
грядá	*Beet, Kette*	слегá	*Stange* GPl слёг
межá	*Rain* Pl мéжи, меж	скобá	*Eisenklammer*
свечá	*Kerze* Pl свéчи, свечéй	щепá	(Holz-) *Span* GPl щеп
тропá	*Pfad*	кошмá	*groß. Filzstück*
строфá	*Strophe*	ноздря́	*Nüster* GPl -рéй
строкá	*Zeile*	вожжá	*Zügel* GPl -éй

слободá   *Vorstadt* NPl слóбоды, -óд
бороздá   *Furche*
сковородá   *Bratpfanne* NPl скó-, -рóд
железá   *Drüse* NPl жéл-, -лёз
простыня́   *Bettlaken* GPl -сты́нь

§ 75   *III. Akzenttyp A₂.* Dazu gehören die folgenden dreizehn Vokabeln uralten Bestands:

головá	*Kopf*	бородá	*Bart*
полосá	*Streifen*	сторонá	*Seite*
		боронá	*Egge*

порá	Zeit	рукá	Hand, Arm
доскá	Tafel Pl досóк	щекá	Wange Pl щёки
горá	Berg	стенá	Wand Pl стéны
ногá	Bein	средá	Mittwoch Pl срéды

Die Akzentverlegung auf die Präposition im Akk. Sg. und Pl. begegnet mit за und на entschieden bei рукá, ногá, щекá, головá, доскá, стенá. Man beachte zudem: рýку пóд рукуArm in Arm, рýку óб руку Hand in Hand.

IV. Akzenttyp A₁. Er liegt vor in fünf Beispielen: любóвь *Liebe*   § 76 (G-D-P любви́, I любóвью), ferner глушь *Einöde*; ebenso ложь, лжи *Lüge*, рожь, ржи *Roggen* und вошь, вши *Laus*. Letzteres verfügt auch über Pluralformen: вши, вшей, вшам, вшáми, вшах.

V. Akzenttyp B. Der Gesamtbestand wird mit rund 110 Voka-   § 77 beln angegeben. Die Wörterbücher und die Akademiegrammatiken sind normierend am Werk.

1. Zweisilbige Konkreta dominieren:

женá	Weib Pl жёны	грозá	Gewitter
вдовá	Witwe	веснá	Frühling Pl вёсны,
снохá	Schwiegertochter		вёсен
сестрá	Schwester Pl сёстры	длинá	Länge
	сестёр сёстрам	скалá	Fels
овцá	Schaf GPl овéц	струя́	Strom Pl стрýи, струй
пчелá	Biene Pl пчёлы	росá	Tau
осá	Wespe	травá	Gras
змея́	Schlange Pl змéи,	ольхá	Erle Pl óльхи, ольх
	GPl змей	соснá	Föhre GPl сóсен
совá	Eule	ветлá	Silberweide Pl вётлы,
дрофá	Trappe		вётел
козá	Ziege	лозá	Rute
лисá	Fuchs	золá	Asche
лунá	Mond	смолá	Harz, Teer
звездá	Stern Pl звёзды	слюдá	Glimmer
¹заря́	Morgen-, Abendröte Pl	рудá	Erz
	зóри, зорь, зóрям	норá	Höhle

дырá	*Loch*	уздá	*Zügel*
избá	*Bauernhaus*	полá	*Rockschoß*
сохá	*Hakenpflug*	дохá	*Pelz m. Fell* (innen u.
пилá	*Säge*		außen)
[1]косá	*Sense*	струнá	*Saite*
плитá	*Fliese, Küchenherd*	трубá	*Rohr, Schornstein*
метлá	*Besen* Pl мётлы,	блеснá	*Blinker* (b. Angeln) Pl
	мётел		блёсны, блёсен
иглá	*Nadel* Pl и́глы, игл	удá	*Fischangel*
игрá	*Spiel* Pl и́гры, игр	лесá	*Angelschnur* Pl лёсы
крупá	*Graupe*	броня́	*Panzerung*
ордá	*Horde*	бедá	*Unglück* Pl бе́ды
космá	*Haarsträhne* Pl ко́с-	нуждá	*Not*
	мы, косм	страдá	*Erntezeit, schwere Ar-*
икрá	*Wade*		*beit*
деснá	*Zahlfleisch* Pl дёсны,	странá	*Land*
	дёсен	главá	*Kapitel, Haupt*
скулá	*Backenknochen*	средá	*Milieu* Pl сре́ды
стопá	*Fuß, Vers*	верстá	*Werst* Pl вёрсты
стрелá	*Pfeil* Pl стре́лы	тюрьмá	*Gefängnis* GPl тю́рем
арбá	(Art) *Wagen*	войнá	*Krieg*
дугá	*Sektor* (eines Kreises);	винá	*Schuld*
	Krummholz (Gespann)		

семья́ *Familie* Pl се́мьи семе́й
свинья́ *Schwein* GPl свине́й
судьбá *Schicksal* GPl су́дьбы -де́б

Hierzu stehen auch die beiden Maskulina слугá *Diener* und
судья́ *Richter*, GPl -де́й, (selten су́дей), су́дьям.

§ 78   2. Zum gleichen Akzenttyp gehören auch die folgenden:
стрекозá Pl стреко́зы *Libelle*, пастилá Pl пасти́лы *Obstpaste*,
скорлупá Pl скорлу́пы *harte Schale*, колбасá Pl колба́сы *Wurst*,
просвирá Pl просви́ры *Hostie*, ветчинá Pl ветчи́ны *Schinken*.

Ebenso verhalten sich die durchaus als mit einem *Suffix* (-отá,
-инá) versehen gewerteten Gebilde: сиротá *Waise*, высотá
Höhe, длиннотá *Länge*, долготá *Dauer, Länge*, кислотá *Säure*,
широтá *Breite*, красотá *Schönheit*, мерзлотá *Frostboden*, часто-
тá *Frequenz*, тяготá Pl тяго́ты *Schwere*, старшинá *Unteroffiziers-*

rang, Vorsteher, глубина́ Tiefe, седина́ graues Haar, величина́
Größe, вышина́ Höhe, быстрина́ Stromschnelle.

VI. Akzenttyp B₂. Der Akzenttyp ist beachtlich selten. Er um- § 79
faßt lediglich folgende Beispiele:

вода́	*Wasser*	спина́	*Rücken*
душа́	*Seele*	цена́	*Preis* Pl це́ны
земля́	*Land, Erde* GPl -ме́ль		
зима́	*Winter*	²заря́	*Weckruf* (Akk зо́рю Pl
²коса́	*Haarzopf*		зо́ри) (бить зо́рю *Ap-*
			pell blasen)

Die Verlegung des Akzents auf die Präposition на bzw. за ken-
nen im ASg die Beispiele вода́, зима́, спина́, коса́, душа́, земля́
(за́ душу, на́ воду, за́ зиму, за́ косу, на́ землю).

VII. Akzenttyp C₁. Er begegnet bei den Feminina der i-Dekli- § 80
nation in rund 80 Beispielen:

1. Es folgen einsilbige Gebilde:

вещь	*Sache* Pl ве́щи, -е́й,	пядь	*Spanne, Fußbreit*
	-а́м	речь	*Rede*
весть	*Nachricht*	роль	*Rolle*
ветвь	*Ast*	часть	*Teil*
власть	*Macht, Gewalt*	сельдь	*Hering*
гроздь	*Traube*	скорбь	*Kummer*
дробь	*Bruchzahl*	сласть	*Süßigkeit*
жердь	*Stange*	смерть	*Tod*
зыбь	*Dünung*	снасть	*Gerät*
честь	*Ehre*	соль	*Salz*
кисть	*Pinsel*	стать	*Gestalt*
крепь	*Abstützung*	страсть	*Leidenschaft*
масть	*Farbe* (Tier, Karten)	треть	*Drittel*
мышь	*Maus*	трость	*Rohrstock*
плеть	*Peitsche*		

Im Präpositiv Sing. (mit der Präposition в oder на) kennen
die Endbetonung:

бровь	на брови́	*Augenbraue*
горсть	в горсти́	*hohle Hand*

грудь	в, на груди́	*Brust*
дверь	в двери́	*Tür*
клеть	в клети́	*Vorratskammer*
кость	в кости́	*Knochen*
кровь	в, на крови́	*Blut*
ночь	в ночи́	*Nacht*
ось	на оси́	*Achse*
печь	в, на печи́	*Ofen*
сеть	в сети́	*Netz*
степь	в степи́	*Steppe*
тень	в, на тени́	*Schatten*
цепь	в, на цепи́	*Kette*
шерсть	в шерсти́	*Wolle*

Hinsichtlich des Gebrauchs mit Präpositionen sind ferner zu beachten: до́ смерти, на́ смерть, при́ смерти; до́ ночи, за́ ночь, на́ ночь; на́ цепь, на́ дверь, бе́з вести.

§ 81   2. An mehrsilbigen Substantiven gehören hierher (ohne End-betonung im Präp. Sg.):

до́лжность	*Pflicht*	по́дать	*Abgabe*
кре́пость	*Festung*	по́лость	*(Bauch-)Höhle*
ло́пасть	(Schiffs-)*Schrau-benflügel*	при́стань	*Hafen*
		про́пасть	*Schlucht*
ло́шадь	*Pferd*	сво́лочь	*Lump*
ле́бедь	(auch m.) *Schwan*	сте́рлядь	*Sterlet*
ме́лочь	*kl. Zeug*	ве́домость	*Verzeichnis*
но́вость	*Neuigkeit*	о́чередь	*Reihe*
о́бласть	*Gebiet*	це́рковь	*Kirche* Pl церкви, -е́й
ска́терть	*Tischdecke*		
ско́рость	*Geschwindigkeit*	ступе́нь	*Grad, Niveau* Pl -е́ни, -ене́й
сте́пень	*Grad*		
че́тверть	*Viertel*	са́жень	*Längenmaß* (2,336 m) GPl -ене́й (са́жен) -еня́м
щёлочь	*Alkali*		
пло́скость	*Fläche*		
пло́щадь	*Platz*		
по́весть	*Novelle*, (kurzer) *Roman*		

§ 82   Die beiden wegen ihrer Deklination besonders hervorzuhebenden Wörter мать *Mutter* und дочь *Tochter* gehören ebenfalls hierher.

Von den Feminina auf -a/-я gehören als einzige Beispiele diesem Akzenttyp an: дóля *Anteil* Pl дóли -лéй -лям und дерéвня *Dorf* Pl дерéвни -вéнь -вням.

VIII. Akzenttyp D. Es handelt sich um diejenigen Feminina, die an anderer Stelle nicht genannt worden sind. Nach beiläufiger Zählung sind das im Wörterbuch von Ušakov 5500 Wörter. Ihr Auslaut auf -a/-я läßt dieses morphologische Merkmal unbetont. Wie V. Kiparsky (189) ausdrücklich hervorhebt, geht von dieser Masse von Wörtern keinesfalls eine besondere Anziehung aus.

1. Zunächst Beispiele mit dem morphologischen Kennzeichen § 83 -a/-я (Zweisilber):

лúпа	*Linde*	жáба	*Frosch*
слáва	*Ruhm*	шкýра	*Balg*
слúва	*Pflaume*	пéмза	*Bimsstein*
грúва	*Mähne*	спúца	*Speiche*
тыква	*Kürbis*	птúца	*Vogel*
клюква	*Moosbeere*	вéрба	*Weide*
пóчва	*Boden*	рóща	*Hain*
кнúга	*Buch*	рыба	*Fisch*
сёмга	*Lachs*	нúва	*Acker*
грёза	*Träumerei, Trugbild*	яма	*Grube*
глúна	*Tonerde*	мýка	*Pein*
óспа	*Pocken*	жúла	*Ader*
пáра	*Paar*	сúла	*Kraft*
грýша	*Birne*	дýма	*Gedanke*
сéра	*Schwefel*	рáна	*Wunde*
úскра	*Funke*	сáжа	*Ruß*
пьéса	*Drama*	лыжа	*Ski*
льгóта	*Privileg*	грыжа	*Bruch*
мáчта	*Mast*	тýча	*Wolke*
пóчта	*Post*	дáча	*Landhaus*
Пáсха	*Ostern*		

бáба	*Frauenzimmer, Frau*	шéя	*Hals* GPl шей
бýква	*Buche, -stabe*	дыня	*Melone* GPl дынь
вьюга	*Schneesturm*	няня	*Kinderfrau* GPl нянь
тýша	*ausgeweid. Tierkörper*	пýля	*Geschoß* GPl пуль
úва	*Trauerweide*		

Durch den Einschubvokal im GPl zeichnen sich aus: рóзга *Rute* GPl рóзог, скáзка *Märchen* GPl скáзок, гáлка *Dohle* GPl гáлок, рю́мка *Schnapsglas* GPl рю́мок, лáска *Wiesel* GPl лáсок, свёкла *Rübe* GPl свёкол, кýкла *Puppe* GPl кýкол;

лóжка *Löffel* GPl лóжек, тóчка *Punkt* GPl тóчек, дóмна *Hochofen* GPl дóмен, жáбра *Kiemen* GPl жáбер, кáпля *Tropfen* GPl кáпель, бáшня *Turm* GPl бáшен, спáльня *Schlafzimmer* GPl спáлен, пéсня *Lied* GPl пéсен, jedoch anders: бéздна *Abgrund* GPl бездн.

§ 84 2. Eine Auswahl mehrsilbiger Feminina des Akzenttyps *D*:

собáка *Hund*, осóба *Person*, рабóта *Arbeit*, берёза *Birke*, ворóна *Krähe*, недéля *Woche*, верёвка *Strick*, утрóба *Mutterleib*, крапи́ва *Brennessel*, бумáга *Papier*, белýга *Hausen, Stör*, севрю́га *Sternhausen*, отвáга *Tapferkeit*, побéда *Sieg*, бесéда *Gespräch*, свобóда *Freiheit*, прирóда *Natur*, брусни́ка *Preißelbeere*, сорóка *Elster*, осóка *Riedgras*, крамóла *Aufruhr*, солóма *Stroh*, охрáна *Schutz*, корзи́на *Korb*, причи́на *Ursache*, карти́на *Bild*, кончи́на *Tod*, кори́ца *Zimt*, селёдка *Hering*, погóда *Wetter*, суббóта *Samstag*, охóта *Jagd*, капýста *Kohl*, пехóта *Infantrie*, дремóта *Halbschlaf*, гречи́ха *Buchweizen*, пшени́ца *Weizen*, невóля *Sklaverei*, ресни́ца *Wimper*;

ежеви́ка *Brombeere*, кукурýза *Mais*, позолóта *Vergoldung*, верени́ца *Kette*, кулебя́ка *Fleischpastete*, селезёнка GPl -зёнок *Milz*;

кóмната *Zimmer*, рáдуга *Regenbogen*, лáсточка *Schwalbe*, пáлуба *Schiffsdeck*, кáторга *Zwangslager*, ýлица *Straße*, áзбука *Alphabet*, пя́тница *Freitag*, ты́сяча *tausend*, клáвиша *Klaviertaste*, сквáжина *Spalt, Ritze, Bohrloch*, вáрежка GPl -жек gestrickt. *Fausthandschuh*;

рáковина *Muschelschale*, гýсеница *Raupe*, пýговица *Knopf*, пáдчерица *Stieftochter*.

§ 85 3. Vollständigkeit ist dagegen zumindest anzustreben bei der Aufzählung der Beispiele der i-Deklination des Akzenttyps *D*.

a) Es sind dies etwa 50 Einsilber (meist Singularia tantum):

грусть	*Trauer*	чернь	*Pöbel*
суть	*Wesen*	медь	*Kupfer*

пыль	Staub	юфть	Juchten
жёлчь	Galle	явь	Wirklichkeit
брань	Zank	сень	Schatten
гниль	Fäulnis	дрянь	Plunder
дичь	Wild	ртуть	Quecksilber
знать	Adel	моль	Motte
злость	Bosheit	спесь	Hochmut
месть	Rache	муть	Trübe, Bodensatz
лень	Faulheit	гладь	Glätte
прель	Fäulnis	вонь	Gestank
прыть	Galopp	блажь	Laune
рознь	Streit	бель	Weiß
жесть	Blech	шаль	Schal, Tuch
голь	arme Leute	рябь	Kräuseln (auf d.
бязь	Nesselstoff		Wasser)
плоть	Körper, Fleisch	гарь	Verbranntes
новь	Neuland	дрожь	Zittern, Frösteln
мощь	Macht	дурь	Dummheit
корь	Masern	жуть	Grauen
нефть	Erdöl	тушь	Tusche
рвань	Fetzen	тишь	Stille, Ruhe
синь	Bläue	лесть	Schmeichelei
ширь	Weite		

Ein besonders akzentuierter PSg liegt vor in: в тиши́, в плоти́, в сени́.

b) Beide Numeri paradigmatischen Charakters (z.B. цель Pl це́ли, це́лей, це́лям) kennen:

цель	Ziel	кладь	Fracht, Balkensteg
высь	Höhe	пасть	Rachen
тварь	Kreatur	нить	Faden
ткань	Gewebe	прядь	Strähne
мель	Sandbank	дань	Tribut
мазь	Salbe	грань	Grenzlinie
смесь	Gemisch	верфь	Werft
выпь	Rohrdommel	сталь	Stahl
рысь	Luchs	боль	Schmerz
плешь	Glatze	жизнь	Leben
даль	Weite	ель	Fichte

казнь	*Hinrichtung*	связь	*Verbindung*
хлябь	*Tiefe*	грязь	*Schmutz, Heilerde*
гать	*Knüppeldamm*	сыпь	*Ausschlag*
быль	*Gewesenes*	рать	*Kriegerschar*
брешь	*Bresche*	лань	*Damhirsch*
дрель	*Drillbohrer*	мысль	*Gedanke*
зябь	*Herbstacker*	трель	*Triller*

§ 86 4. Mehrsilbige mit stabilem Akzent:

за́висть	*Neid*	пле́сень	*Schimmelpilz*
о́бувь	*Schuhwerk*	пе́чень	*Leber*
и́звесть	*Kalk*	у́тварь	*Utensilien*
е́ресь	*Irrlehre*	сля́коть	*Matsch*
па́мять	*Gedächtnis*	при́хоть	*Laune*
по́мощь	*Hilfe*	пе́рхоть	*Kopfschuppen*
о́сень	*Herbst*	при́быль	*Gewinn*
о́трасль	*Zweig*	про́рубь	*Eisloch*
пу́стошь	*Ödland*	ро́ссыпь	*Verstreutes; Vor-*
че́люсть	*Kiefer* (anatom.)		*kommen, (Erz-)*
ру́хлядь	*Gerümpel*		*Lager*
го́лень	*Unterschenkel*		

прама́терь	*Urmutter*	за́поведь	*Gebot*
оби́тель	*Kloster*	ле́топись	*Chronik*

тетра́дь	*Heft*	свире́ль	*Schalmei*
крова́ть	*Bett*	капе́ль	*Tropfen*
печа́ть	*Druck, Siegel*	мете́ль	*Schneesturm*
		шине́ль	*Uniformmantel*
горта́нь	*Kehlkopf*	арте́ль	*Genossenschaft*
лату́нь	*Messing*	печа́ль	*Traurigkeit*

полы́нь	*Wermut*	ладо́нь	*Handfläche*
мише́нь	*Zielscheibe*	мозо́ль	*Schwiele*

коры́сть	*Nutzen*
лазу́рь	*Lasurblau*
морко́вь	*Möhre*

рукоя́ть	*Handgriff, Kurbel*	колыбе́ль	*Wiege*
молодёжь	*Jugend*		

5. Beispiele des Akzenttyps *D* mit betontem *Suffix*:   § 87

¹-и́ца: учени́ца   *Schülerin*   орли́ца   *Adlerweibchen*
сестри́ца   *Schwesterlein*   осли́ца   *Eselin*
цари́ца   *Zarin*   волчи́ца   *Wölfin*
певи́ца   *Sängerin*   пти́ца   *Vogel*
жили́ца   *Mieterin*   льви́ца   *Löwin*
деви́ца   *Jungfrau*   чти́ца   *Leserin*
блудни́ца   *Dirne*   жни́ца   *Schnitterin*
черни́ца   *Nonne*   клеветни́ца   *Verleumderin*
срамни́ца   *Schamlose*   перепели́ца   *Wachtelweibchen*
должни́ца   *Schuldnerin*   кобыли́ца   *junge Stute*
шутни́ца   *Spaßmacherin*   соколи́ца   *Falkenweibchen*

²-и́ца: рукави́ца   *Handschuh*
земли́ца   *kl. Land*
столи́ца   *Residenz, Hauptstadt*
грани́ца   *Grenze*
стани́ца   *Kosakendorf*
грудни́ца   *Brustdrüsenentzündung*
темни́ца   *Gefängnis*
води́ца   *kl. Wasser*
зарни́ца   *Wetterleuchten*
больни́ца   *Krankenhaus*
крупи́ца   *Körnchen*
коси́ца   *Zöpfchen*

-ы́ня: святы́ня *Heiligtum*, рабы́ня *Sklavin*, гордыня *Hochmut*,
гусы́ня *Gans*, пусты́ня *Wüste*;

-у́ха/-ю́ха: стару́ха *Greisin*, молоду́ха *junges Frauenzimmer*,
грязну́ха *Schmutzfink*, толсту́ха *dickes Frauenzimmer*,
шепту́ха *Verleumderin*, рыжу́ха *Rothaarige*, горю́ха
Armselige, сиву́ха *Fusel*, красну́ха *Röteln*, черну́ха *Blät-
terschwamm, Schwarzbräune*, золоту́ха *Goldrute, Skrofel*,
желту́ха *Gelbsucht*, свину́ха *Pilz, Täubling*, синю́ха
Blausucht, оплеу́ха *Ohrfeige*, плету́ха *Flechtkorb*, ска-
ку́ха *Frosch*, белу́ха *Weißwal*, лысу́ха *Wasserhuhn*;

-и́зна: дорогови́зна *Teuerung*, дешеви́зна *Billigkeit*, голови́зна
großer Fischkopf (Speise), укори́зна *Tadel*, отчи́зна *Va-
terland*;

-йха: портнйха *Schneiderin*, ткачйха *Weberin*, поварйха *Köchin*,
сторожйха *Wärterin*, купчйха *Kaufmännin*, пловчйха
Schwimmerin, трусйха *ängstl. Frauenzimmer*, дьячйха
Küstersfrau, бобылйха *Frau eines besitzlosen Bauern*,
стрельчйха *Strelizenfrau*, зайчйха *Häsin*, крольчйха
Kaninchenweibchen;

-(ов)щйна: морщйна *Runzel*, лощйна *Hohlweg*, чертовщйна
Teufelsspuk, цеховщйна *engstirnig. Zunftinteresse*, ма-
терщйна *gemeines Verfluchen*, годовщйна *Jubiläumstag*,
груповщйна *Gruppeninteresse*, дармовщйна (даров-
щйна) *Gratisgabe*;

-йна: равнйна *Ebene*, долйна *Tal*, низйна *Niederung*, стрем-
нйна *Strömung, Abgrund*, вершйна *Gipfel*, плешйна
kahle Stelle, Glatze, середйна *Mitte*, льдйна *Eisscholle*,
трясйна *Moor*, тростйна *Schilfrohr*, плотйна *Deich*,
десятйна *Feldmaß, Desjatine*, рябйна *Eberesche*, калйна
Schneeballstrauch, малйна *Himbeere*, былйна *Helden-
lied*, осьмйна *Feld- u. Hohlmaß*;

буженйна *Schweinefleisch* (Speise), свинйна *Schweine-
fleisch*, осетрйна *Störfleisch*, лососйна *Lachsfleisch*, со-
мйна *groß. Wels*, квашенйна *gesäuert. Viehfutter*;

пушнйна *Pelzwaren*, овчйна *Schaffell*, холстйна *Lein-
wand*, парусйна *Segeltuchgewebe*, лучйна *Kienspan*, пау-
тйна *Spinnwebe*, пучйна *Wasserstrudel*;

шерстйна *einzelnes Wollhaar*, травйна *Grashalm*, шта-
нйна *Hosenbein*, пружйна *Springfelder*, порошйна *Pul-
verkorn*, снежйна *Schneeflocke*;

жердйна *lange Stange*, скотйна *Vieh*, пластйна *dicke
Schicht*, мертвечйна *Kadaver*;

-йща: бородйща (zu борода́ *Bart*), слезйща (слеза́ *Träne*),
ножйща (нога́ *Fuß*), землйща (земля́ *Erde, Land*),
жарйща (жара́ *Hitze*), толпйща (толпа́ *Haufen*), во-
нйща (вонь *Gestank*), грязйща (грязь *Schmutz*), кро-
вйща (кровь *Blut*), скучйща (ску́ка *Langeweile*). Das
Suffix verleiht dem Gebilde augmentativen (auch ab-
fälligen) Sinn.

IV. Die Akzentparadigmen der Pluralia tantum

Auch die Pluralia tantum lassen akzentparadigmatische Cha- § 88
rakteristika erkennen[1]. So sind neben dem Sonderfall (D_s) drei
Typen zu unterscheiden: (I) durchgehende Endbetonung $(A$–$C)$,
(II) die sonst im Plural begegnende akzentuelle Abweichung des
Nom (Akk) gegenüber den obliquen Kasus $(A_1$–$C_1)$ und (III) die
durchgehende Nichtendbetonung $(B$–$D)$.

Pluralia tantum

	A–C	A_1–C_1	B–D	D_s
Pl. N	■	□	□	□
G	■	■	□	■
D	■	■	□	□
A	■	□	□	■
I	■	■	□	■
P	■	■	□	□

A–C = весы́ *Waage* B–D = со́ты *Waben*
       бега́ *Rennen*   су́тки *Tag u. Nacht*
A_1–C_1 = са́ни *Schlitten* D_s = лю́ди *Menschen*
       по́хороны *Begräbnis*   де́ти *Kinder*

I. Akzenttyp A–C. Er liegt vor in den folgenden Beispielen, § 89
deren historisch zu erschließende Genuszugehörigkeit für das
gegenwärtige Sprachempfinden belanglos ist. Die Semantik kon-
stituiert eigenständige Gebilde:

леса́ -о́в	*Baugerüst*	часы́ -о́в	*Uhr*
бега́ -о́в	*Pferderennen*	штаны́ -о́в	*Hose*

[1] Daß der Gebrauch eines Substantivs in beiden Numeri eine Vor-
aussetzung für die Bestimmung seines Akzenttyps sei, „da nur sie in
Bezug auf ihren Akzenttyp völlig eindeutig sind" (V. Kiparsky, *a.a.O.* 17),
ist schlechterdings nicht einzusehen.
   A. A. Zaliznjak, *Grammatičeskij slovar' russkogo jazyka*, M. 1977, S.
44, 50, 55 ordnet selbst die Pluralia tantum den einzelnen Genera zu,
obschon die grammatische Genuskategorie bei Pluralia tantum im Rus-
sischen nur historisch vergleichend erschlossen werden kann, während
sie deskriptiv nicht existent ist.

очки́ -о́в	*Brille*		городки́ -о́в	*Klötzchenspiel*
духи́ -о́в	*Parfüm*		поддавки́ -о́в	*Brettspiel*
торги́ -о́в	*Auktion*		щи G щей	*Kohlsuppe*
тиски́ -о́в	*Schraubstock*			
мостки́ -о́в	*Knüppeldamm*		ножны́ G	
мозги́ -о́в	*Hirn* (Speise)		ножо́н	*Scheide* (Dolch)
кандалы́ -о́в	*Fesseln*			
коты́ -о́в	*pelzgefütt.*		дрова́ G дров	*Brennholz*
	Schuhe		врата́ G врат	*Tür*
весы́ -о́в	*Waage*		уста́ G уст	*Mund*
трусы́ -о́в	*Bade-, Sporthose*		письмена́	*alte Schrift-*
щипцы́ -о́в	*Flachzange*		-мён/-мён	*zeichen*
квасцы́ -о́в	*Alaun*		зеленя́ -е́й	*junge Saat*
ноготки́ -о́в	*Ringelblume*			

§ 90 *II. Akzenttyp A₁–C₁.* Der Bestand ist weithin erschöpft mit den folgenden Beispielen:

бу́бны G бубён -бна́м   *Karo* (Spielk.)
че́рви -е́й -я́м   *Herz* (Spielk.)
са́ни -е́й -я́м   *Pferdeschlitten*

дро́вни -е́й -я́м	*Lastschlitten*	бу́дни -е́й	*Wochen-,*
о́труби -е́й	*Kleie*		*Alltag*
се́ни -е́й	*Diele, Flur*	кле́щи -е́й -а́м	*Beißzange*
дро́жжи -е́й	*Hefe*	слю́ни -е́й -я́м	*Speichel*
вла́сти -е́й	*Obrigkeit*	по́мочи -е́й -а́м	*Hosenträger*
ку́дри -е́й -я́м	*Locken*	по́хороны G	
		похоро́н -на́м	*Beerdigung*

§ 91 *III. Akzenttyp B–D.* Dazu gehört als weitgehend kompletter Bestand:

хо́ры	-ов	*Galerie*	то́лки	-ов	*Gerücht*
бу́сы	-ов	*Glasperlen*	сбо́ры	-ов	*Vorbereitung*
счёты	-ов	*Rechenbrett*	трéфы	-ов	*Kreuz*
со́ты	-ов	*Honigwabe*			(Spielk.)
ка́дры	-ов	*Kader*	хло́пья	-ьев	*Flocken*
ко́злы	-ов	*Kutscherbock*	пре́ния	-ий	*Debatte*
всхо́ды	-ов	*keim. Saat*	вы́боры	-ов	*Wahlen*
ро́ды	-ов	*Entbindung*			

про́воды	-ов	*Geleit*		но́жницы	-ниц	*Schere*
про́иски	-ов	*Intrigen*		су́мерки	-рек	*Dämmerung*
ша́хматы	-ов	*Schachspiel*		хло́поты	-от	*Sorgen*
разво́ды	-ов	*Muster,*		пи́ки G пик		*Pik* (Spielk.)
		Motiv		ча́ры G чар		*Charme*
консе́рвы	-ов	*Konserven*		брю́ки G брюк		*lange Hose*
доспе́хи	-ов	*Rüstung*		не́дра G недр		*Inneres,*
пожи́тки	-ов	*Habselig-*				*Schoß*
		keiten		гря́зи	-ей	*Schlammbad*
помо́и	-о́ев	*Spülwasser*		бу́кли	-ей	*Locken*
обо́и	-о́ев	*Tapeten*		гра́бли	-ей	*Rechen*
побо́и	-о́ев	*Schläge*		я́сли	-ей	*Krippe*
качéли	-ей	*Schaukel*		де́бри	-ей	*Dickicht*
кани́кулы	-ул	*Ferien*		румя́на	-я́н	*Rouge*
носи́лки	-лок	*Tragbahre*		воро́та	-о́т	*Tür, Pforte*
опи́лки	-лок	*Sägespäne*		черни́ла	-и́л	*Tinte*
оста́нки	-нок	*Leichnam*		перила	-и́л	*Geländer*
поми́нки	-нок	*Leichen-*		тенёта	-ёт	*Fangnetz*
		schmaus		макаро́ны	-о́н	*Makkaroni*
ошмётки	-ток	*abgetr.*		геркуле́сы	-éс	*Haferflocken*
		Bastschuhe		имени́ны	-и́н	*Namenstag*
де́ньги	-нег	*Geld*		пересу́ды	-ов	*Klatsch*
су́тки	-ток	*Tag u. Nacht*		перевы́боры	-ов	*Neuwahlen*
сли́вки	-вок	*Rahm*		плоскогу́бцы	-ов	*Flachzange*
са́нки	-нок	*Rodelschlit-*		иници́алы	-áл	*Initialen*
		ten				
ша́шни	-шен	*Intrige*				

IV. Akzenttyp D₁. Er kehrt wieder in zwei Beispielen (mit je- § 92
weils sekundärem bzw. supletivischem Singular: челове́к und
ребёнок bzw. дитя́): лю́ди G–A людéй, лю́дям, людьми́ лю́-
дях *Leute, Menschen, Männer*; де́ти G–A детéй, де́тям, детьми́,
де́тях *Kinder*.

4. Das Akzentsystem der Adjektive

I. Die Akzenttypen der Langform und der Kurzformen § 93

Auch innerhalb der Adjektive ist die Endbetonung merkmal-
haft, und слепо́й *blind* ist gegenüber кра́сный *rot* (стыдли́вый

verschämt, вежливый *höflich*) eindeutig charakterisiert. Die
Anzahl der endbetonten Exempel im Rahmen der sog. adjektivi-
schen *Langform* auf -ой (-ая -ое, Pl. -ые) wird mit knapp tausend
angegeben gegenüber einem Vielfachen mit dem nichtendbe-
tonten Formans auf -ый bzw. -ий[1].

Die eigentliche Schwierigkeit im Rahmen der Adjektive
betrifft indes die Betonung der *Kurzformen,* soweit solche von
(vorwiegend) qualitativen Adjektiven gebräuchlich sind. Die
unzulängliche Normierung in diesem Bereich selbst durch maß-
gebliche Wörterbücher wird beklagt[2]. Die Wechselverhältnisse
innerhalb der Kurzformen sind aber von besonderem Interesse
und der eigentlichen systematisierenden Aufarbeitung bedürf-
tig. (Adjektive mit Endbetonung, die keine Kurzform bilden –
wie гнедой *braun,* другой *anderer,* чужой *fremd* u. ä. – werden
hier nicht beachtet, s. § 99).

Die merkmalhafte Endbetonung ist im Rahmen der Kurzfor-
men der Adjektive nicht im eigentlichen Sinne paradigmatisch,
da keine (geschlossenen) Kasusreihen vorliegen. Sie ist vielmehr
bloß typisierend in der Weise, daß unflektierbare Genus- und
Numerusformen einander gegenüberstehen und somit durch die
Opposition endbetont bzw. nichtendbetont Glieder einer Grund-
formen bildenden Ableitungsreihe darstellen. Die Grundformen
sind allein im Sing. geschlechtig (Mask. Neutr. Fem.), im Plur.
dagegen erscheint eine gemeinsame Form.

Wir bezeichnen das endbetonte merkmalhafte Glied solcher
Grundformen fortan bei den Adjektiven (Eigenschaftswörtern)
schlechthin mit *E* und fügen *en petit* hinzu, welche der vier mög-

---

[1] Die Angaben unterscheiden nicht zwischen „primären" Bildungen
живой *lebendig* – милый *lieb* (oder земной *irdisch* – добрый *gut*) und
erkennbaren Ableitungen (беловой *weißlich,* отставной *im Ruhestand*
– рудиментарный *rudimentär,* горбатый *buckelig* u. ä.).

[2] So sei die Schwankung des Akzents der adjektivischen Kurzformen
„ungenügend vollständig" im Werk Avanesov-Ožegov: *Russkoe literatur-
noe proiznošenie,* 1960, wie N. A. Fedjanina *a.a.O.* 1976, 149 anmerkt. Ab-
weichende Angaben kehren häufig wieder und stehen ohne spezielle
Empfehlung nebeneinander.
  Bei der Kurzform des Neutrums wird nur selten die Gebrauchsweise
und damit die Bedeutung (Funktion) hinreichend beachtet, so daß es
sich bei ihrer formalen Nennung vielfach um eigentliche Adverbien han-
delt.

lichen adjektivischen Kurzformen (Maskulinum, Neutrum, Femininum und Plural) als endbetont vorliegt.

So zeigt der Typ E_o an, daß alle (omnes) vier Kurzformen des betreffenden Adjektivs die Endbetonung kennen.

Der Typ E_{sg} stellt die endbetonten geschlechtigen Singularformen der Pluralform gegenüber.

Der Typ E_f bringt zum Ausdruck, daß lediglich das Femininum in der Kurzform die Endbetonung kennt.

Der Typ E_{fpl} fügt zum Femininum noch die gemeinsame Pluralform hinzu.

Schema der Akzenttypen adjektivischer Kurzformen

Sing.	E_o	E_{sg}	E_f	E_{fpl}
Mask.	■	■	☐	☐
Neutr.	■	■	☐	☐
Femin.	■	■	■	■
Plural	■	☐	☐	■

E_o = смешо́н -шно́ -шна́ -шны́   *komisch*
E_{sg} = свеж свежо́ свежа́ свежи   *frisch*
E_f = прав пра́во права́ пра́вы   *gerecht, richtig*
E_{fpl} = нов но́во нова́ новы́   *neu*

Aus Systemgründen gelten (fungieren) die maskulinen Formen прав und нов als nichtendbetont (vgl. § 22 und § 28) und свеж als endbetont.

I. Typ E_o. Das Kriterium des Typs ist die Endbetonung aller §94 vier Kurzformen (Mask. Neutr. Fem. und Plur.). Er liegt vor in einer überschaubaren Anzahl von rund 60 Beispielen, sowohl in der Gruppe von der Gestalt смешно́й (I) als auch in der von ма́лый (II).

Akzenttyp E_o

Langform	Kurzformen	
смешно́й	m смешо́н ■	m мал ■
ма́лый	n смешно́ ■	n мало́ ■
	f смешна́ ■	f мала́ ■
	Pl смешны́ ■	Pl малы́ ■

(I.) Der Beispiele wie смешно́й sind nur wenige:

смешно́й — смешо́н -шно́ -шна́ -шны́	*komisch*
хмельно́й — хмелён -льно́ -льна́ -льны́	*berauscht*
больно́й — бо́лен (!) -льно́ -льна́ -льны́	*krank*
злой — зо́л зло́ зла́ злы́	*böse*
большо́й — вели́к -ко́ -ка́ -ки́	*groß*
блажно́й — (ohne m n) -жна́ -жны́	*launisch*
родно́й — (ohne m n) -дна́ родны́	*blutsverwandt*
чудно́й — (ohne m) -дно́ -дна́ -дны́	*sonderbar*
шально́й — (ohne m) -льно́ -льна́ -льны́	*wild, verirrt*
голубо́й — (ohne m) -о́ -а́ -ы́	*himmelblau*

(II.) Spärlich vertreten ist auch die Gruppe um ма́лый, wobei noch Doppelformen (nach Typ *E_f*) möglich sind:

ма́лый — ма́л -о́ -а́ -ы́	*klein*
о́стрый — остёр -ро́ -ра́ -ры́	*scharfsinnig*
ра́вный — ра́вен (!) -но́ -на́ -ны́	*gleich, eben*
по́лный — по́лон (!) -лно́ -на́ -ны́	*gefüllt, gesamt*
во́льный — во́лен (!) -льно́ -льна́ -льны́	*freiheitlich*
ста́рый — стар -о́ -а́ -ы́	*alt*
хи́трый — хитёр -о́ -а́ -ы́	*schlau*
пёстрый — пёстр -о́ -а́ -ы́	*bunt*
жёлтый — жёлт -о́ -а́ -ы́	*gelb*
бе́лый — бел -о́ -а́ -ы́	*weiß*
у́мный — умён -о́ -а́ -ы́	*klug*
вели́кий — вели́к -о́ -а́ -и́	*groß, bedeutend*
далёкий — далёк -о́ -а́ -и́	*weit, entfernt*
глубо́кий — глубо́к -о́ -а́ -и́	*tief*
широ́кий — широ́к -о́ -а́ -и́	*breit*
высо́кий — высо́к -о́ -а́ -и́	*hoch*
горя́чий — горя́ч -о́ -а́ -и́	*heiß*
тяжёлый — тяжёл -ело́ -а́ -ы́	*schwer*
здоро́вый — о́в -о́ -а́ -ы́	*stark*

§ 95   *II. Typ E_{sg}.* Das Kriterium dieses Typs ist die Endbetonung der Singularformen, während die Pluralform unbetont ist. Der Typ ist ziemlich selten (und ohne Beispiele mit Endbetonung der Langform):

Akzenttyp E$_{sg}$

Langform	Kurzformen
лёгкий	m лёгок ■
	n легко́ ■
	f легка́ ■
	Pl лёгки □

тёмный	— тёмен	-мно́	-мна́	тёмны	*finster*
чёрный	— чёрен	-рно́	-рна́	чёрны	*schwarz*
мёртвый	— мёртв	-тво́	-тва́	мёртвы	*tot*
лёгкий	— лёгок	-гко́	-гка́	лёгки	*leicht*
тёплый	— тёпел	-пло́	-пла́	тёплы	*warm*
свёжий	— свеж	-жо́	-жа́	свёжи / свежи́	*frisch*

Die Formen mit sonorem Konsonanten im Auslaut (тепл-, черн-) kennen ebenso wie легк- den Stützvokal im Maskulinum; dennoch „fungiert" die Form im Paradigmenzwang wie eine solche mit Endbetonung. (Vgl. hiermit Typ E_o (II.) ра́вен, по́лон, во́лен.)

III. Typ E$_f$. Kennzeichnend für diesen zahlreich (rund 300 Adjektive) belegten Typ ist die Endbetonung allein der femininen Kurzform. Er begegnet in der Gruppe плохо́й (I) ebenso wie in der von пра́вый (II). § 96

Akzenttyp E$_f$

Langform	Kurzformen	
плохо́й	m плох □	m прав □
пра́вый	n пло́хо □	n пра́во □
	f плоха́ ■	f права́ ■
	Pl пло́хи □	Pl пра́вы □

(I.) Wiederum sind die Beispiele der Gruppe um плохо́й wenig zahlreich:

плохо́й — плох -о -а́ -и		*schlecht*
глухо́й — глух -о -а́ -и		*taub*

сухо́й — сух -о -а́ -и	*trocken*
свято́й — свят -о -а́ -ы	*heilig*
босо́й — бос -о -а́ -ы	*barfüßig*
сыро́й — сыр -о -а́ -ы	*roh*
косо́й — кос -о -а́ -ы	*schief*
тупо́й — туп -о -а́ -ы	*stumpf*
слепо́й — слеп -о -а́ -ы	*blind*
прямо́й — прям -о -а́ -ы	*gerade*
хромо́й — хром -о -а́ -ы	*lahm*
немо́й — нем -о -а́ -ы	*stumm*
гнило́й — гнил -о -а́ -ы	*verfault*
седо́й — сед -о -а́ -ы	*ergraut*
живо́й — жив -о -а́ -ы	*lebendig*
наго́й — наг -о -а́ -и	*nackt*
туго́й — туг -о -а́ -и	*straff, gespannt*
дорого́й — до́рог -о -а́ -и	*teuer, lieb*
молодо́й — мо́лод -о -а́ -ы	*jung*
холосто́й — хо́лост -а́ -ы	*ledig*
удало́й — уда́л (!) -о -а́ -ы	*kühn*
рябо́й — ряб -о -а́ -ы	*pockennarbig*

(II.) Die Gruppe um пра́вый ist die umfangreichste von allen, die innerhalb der Kurzformen überhaupt Endbetonung kennen:

пра́вый — прав -о -а́ -ы	*gerecht, richtig*
сы́тый — сыт -о -а́ -ы	*satt*
ча́стый — част -о -а́ -ы	*dicht*
лю́тый — лют -о -а́ -ы	*grausam*
лы́сый — лыс -о -а́ -ы	*kahl*
хму́рый — хмур -о -а́ -ы	*düster*
бы́стрый — быстр -о -а́ -ы	*schnell*
шу́стрый — шустёр -стро -а́ -ы	*flink*
спо́рый — спор -о -а́ -ы	*schnell*
ско́рый — скор -о -а́ -ы	*schnell, eilend*
се́рый — сер -о -а́ -ы	*grau*
глу́пый — глуп -о -а́ -ы	*dumm*
ю́ный — юн -о -а́ -ы	*jung, jugendlich*
о́бщий — общ -е -а́ -и	*allgemein*
то́щий — тощ -е -а́ -и	*mager*

си́ний — синь -е -я́ -и	*dunkelblau*
ры́жий — рыж -е -а́ -и	*fuchsrot*
до́лгий — до́лог -лго -лга́ -и	*lang*
стро́гий — строг -о -а́ -и	*streng*
ди́кий — дик -о -а́ -и	*wild*
ти́хий — тих -о -а́ -и	*still*
ве́тхий — ветх -о -а́ -и	*alt, baufällig*
гру́бый — груб -о -а́ -ы	*grob*
ре́звый — резв -о -а́ -ы	*lebhaft*
тре́звый — трезв -о -а́ -ы	*nüchtern*
чу́ждый — чужд -о -а́ -ы	*fremd*
твёрдый — твёрд -о -а́ -ы	*hart*
си́зый — сиз -о -а́ -ы	*graublau*
го́лый — гол -о -а́ -ы	*nackt*
це́лый — цел -о -а́ -ы	*ganz*
хи́лый — хил -о -а́ -ы	*kränklich*
све́тлый — све́тел -тло -тла́ -ы	*hell*
гре́шный — гре́шен -шно -шна́ -ы	*sündig*
го́рдый — горд -о -а́ -ы	*stolz*
пы́льный — пы́лен -льно -льна́ -ы	*staubig*
це́лый — це́лен -льно -льна́ -ы	*einheitlich, unversehrt*
мо́щный — мо́щен -щно -щна́ -ы	*mächtig*
то́шный — то́шен -шно -шна́ -ы	*widerlich*
сма́чный -чен -чно -чна́ -ы	*schmackhaft*
сы́тный — сы́тен -тно -тна́ -ы	*sättigend*
сму́тный -тен -тно -тна́ -ы	*unruhig, verworren*
по́стный -тен -тно -тна́ -ы	*fleischlos*
стра́стный -стен -стно -стна́ -ы	*leidenschaftlich*
по́тный -тен -тно -тна́ -ы	*schweißig*
ста́тный -тен -тно -тна́ -ы	*wohlgestalt*
пре́сный -сен -сно -сна́ -ы	*ungesalzen*
сми́рный -рен -рно -рна́ -ы	*sanft*
скве́рный -рен -рно -рна́ -ы	*schlecht, schlimm*
чи́нный — чи́нен -нно -нна́ -ы	*manierlich, gesittet*
кру́пный -пен -пно -пна́ -ы	*grob, groß*
стра́нный -а́нен -а́нно -нна́ -ы	*seltsam*
то́мный — то́мен -мно -мна́ -ы	*schmachtend*
бу́йный — бу́ен бу́йно -на́ -ы	*heftig*
мо́дный — мо́ден -дно -дна́ -ы	*modisch*
скла́дный -ден -дно -дна́ -ы	*stattlich*

ла́дный -ден -дно -дна́ -ы	*vortrefflich*
не́рвный -вен -вно -вна́ -ы	*nervös*
сла́вный -вен -вно -вна́ -ы	*ruhmreich*
сдо́бный -бен -бно -бна́ -ы	*zubereitet*
дря́блый — дрябл -о -а́ -ы	*schlaff, welk*
на́глый — нагл -о -а́ -ы	*unverschämt*
по́длый — подл -о -а́ -ы	*gemein*
спе́лый — спел -о -а́ -ы	*reif*
ту́склый — тускл -о -а́ -ы	*matt, glanzlos*
хри́плый — хрипл -о -а́ -ы	*heiser*
си́плый — сипл -о -а́ -ы	*heiser, krächzend*
щу́плый — щупл -о -а́ -ы	*schmächtig*
ки́слый — ки́сел -сло -сла́ -ы	*sauer*
пу́хлый — пухл -о -а́ -ы	*aufgedunsen*
ту́хлый — тухл -о -а́ -ы	*verfault*
ры́хлый — рыхл -о -а́ -ы	*mürbe*
дря́хлый — дряхл -о -а́ -ы	*gebrechlich*
ги́бкий — ги́бок -бко -бка́ -и	*geschmeidig*
ро́бкий — ро́бок -бко -бка́ -и	*schüchtern*
зы́бкий — зы́бок -бко -бка́ -и	*schwankend*
ло́вкий — ло́вок -вко -вка́ -и	*geschickt*
зя́бкий — зя́бок -бко -бка́ -и	*fröstelnd*
мя́гкий — мя́гок -гко -гка́ -и	*weich*
гла́дкий — гла́док -дко -дка́ -и	*glatt*
сла́дкий — сла́док -дко -дка́ -и	*süß*
е́дкий — е́док -дко -дка́ -и	*ätzend*
ре́дкий — ре́док -дко -дка́ -и	*spärlich, selten*
жи́дкий — жи́док -дко -дка́ -и	*flüssig*
ре́зкий — ре́зок -зко -зка́ -и	*heftig*
де́рзкий — де́рзок -зко -зка́ -и	*frech*
ме́рзкий — ме́рзок -зко -зка́ -и	*ekelhaft*
ско́льзкий — ско́льзок -зко -зка́ -и	*glitschig*
вя́зкий — вя́зок -зко -зка́ -и	*zähflüssig, klebrig*
жа́лкий — жа́лок -лко -лка́ -и	*bedauernswert*
ме́лкий — ме́лок -лко -лка́ -и	*klein*
гро́мкий — гро́мок -мко -мка́ -и	*laut*
зво́нкий — зво́нок -нко -нка́ -и	*tönend*
то́нкий — то́нок -нко -нка́ -и	*dünn*
хли́пкий — хли́пок -пко -пка́ -и	*schwächlich*
жа́ркий — жа́рок -рко -рка́ -и	*glühend heiß*

зо́ркий — зо́рок -рко -рка́ -и	*scharfsichtig*
я́ркий — я́рок -рко -рка́ -и	*hell, grell*
пло́ский — пло́сок -ско -ска́ -и	*flach*
кра́ткий — кра́ток -тко -тка́ -и	*kurz*
ме́ткий — ме́ток -тко -тка́ -и	*treffsicher*
чёткий — чёток -тко -тка́ -и	*deutlich*
кро́ткий — кро́ток -тко -тка́ -и	*zahm, sanft*
жёсткий — жёсток -тко жестка́ -и	*schroff*
жу́ткий — жу́ток -тко -тка́ -и	*unheimlich*
чу́ткий — чу́ток -тко -тка́ -и	*empfindsam*
пры́ткий — пры́ток -тко -тка́ -и	*wendig*
ко́лкий — ко́лок -лко -лка́ -и	*leicht spaltbar, stachelig*
го́рький — го́рек -рько -рька́ -и	*bitter*
тя́жкий — тя́жек -жко -жка́ -и	*mühsam, schwer*
бо́йкий — бо́ек бо́йко бойка́ -и	*lebhaft gewandt*
сто́йкий — сто́ек сто́йко -ка́ -и	*stabil*

IV. Typ E_fpl. Das Kennzeichen ist die endbetonte Kurzform im   § 97
Femininum und im Plural. Es werden zwischen 40–70 Beispiele
gezählt. (Das Schwanken zeugt für Instabilität und unzurei-
chende Normierung.) Der Typ begegnet sowohl bei Beispielen
wie просто́й (I) als auch von solchen wie но́вый (II).

Akzenttyp E_fpl

Langform	Kurzformen	
просто́й но́вый	m прост ☐	m нов ☐
	n про́сто ☐	n но́во ☐
	f проста́ ■	f нова́ ■
	Pl просты́ ■	Pl новы́ ■

(I.) Die Gruppe der Beispiele um просто́й ist wenig zahlreich.
Auch kennt sie Schwankungen bezüglich der Pluralform, so
daß etliche Beispiele auch dem Typ *E_f* (плохо́й) zugerech-
net werden können:

просто́й — прост -о -а́ -ы́	*einfach*
густо́й — густ -о -а́ -ы́	*dicht*
скупо́й — скуп -о -а́ -ы́	*geizig*

крутóй — крут -о -á -ы́	*steil*
лихóй — лих -о -á -й	*unheilbringend, böse*
пустóй — пуст -о -á -ы́	*leer, öde, hohl*
худóй — худ -о -á -ы́	*mager, schlecht*
дурнóй — дýрен -но -нá -ны́	*übel, dumm*
дряннóй — дря́нен -нно -ннá -нны́	*elend, unnütz*

(II.) Die Beispielgruppe um нóвый korrespondiert gleichfalls mit dem Typ E_f (прáвый), so daß es nahezu durchgehend äquivalente Doppelformen gibt:

нóвый -нов	*neu*	смéлый	*mutig*
-о -á -ы́		крýглый	*rund*
слáбый	*schwach*	смýглый	*braun, gebräunt*
мѝлый	*lieb*	вáжный	*wichtig*
бóдрый	*kühn*	нéжный	*zärtlich*
чѝстый	*rein*	нýжный	*nötig*
тóлстый	*dick*	дрýжный	*einmütig*
жáдный	*gierig*	грóзный	*grausam*
бéдный	*arm*	грýзный	*schwer, sperrig*
блéдный	*blaß*	гря́зный	*schmutzig*
врéдный	*schädlich*	нѝзкий	*niedrig*
вѝдный	*bedeutend*	ýзкий	*eng*
гóдный	*geeignet*	стрáшный	*schrecklich*
трýдный	*mühsam*	слы́шный	*hörbar*
тéсный	*eng*	чéрствый	*hartgetrocknet*
я́сный	*klar*	прóчный	*dauerhaft*
грýстный	*traurig*	сѝльный	*mächtig*
мóкрый	*naß*	вéрный	*treu, sicher*
дóбрый	*gut, edel*	сóчный	*saftig*
хрáбрый	*tapfer*	звýчный	*tönend*
щéдрый	*freigiebig*	мрáчный	*düster*
мýдрый	*klug*	тýчный	*fett, üppig*
знáтный	*angesehen*	дýшный	*schwül*
плóтный	*kompakt*	пы́шный	*prunkvoll*
чéстный	*ehrlich*	слóжный	*kompliziert*
гнýсный	*widerlich*	стрóйный	*wohlgeformt*
жѝрный	*fett, feist*	скýдный	*dürftig*
шýмный	*geräuschvoll*	пья́ный	*betrunken*

голо́дный го́лоден -но -на́ -ны́	*hungrig*
холо́дный хо́лоден -но -на́ -ны́	*kalt*
коро́ткий ко́роток -тко -тка́ -тки́	*kurz*
зелёный зе́лен зе́лено -на́ -ны́	*grün*
весёлый ве́сел ве́село -ла́ -лы́	*fröhlich*
солёный со́лон со́лоно -на́ -ны́	*salzig*

V. Anhang: Im Grunde sind hier „atypische" Beispiele zu nen- § 98
nen, die eigentlich durch Nichterwähnung bei den Typen E_o, E_f
usw. ausgeschlossen worden sind. Die Anzahl von vielen Tau-
send Exempeln macht eine Auswahl erforderlich. Für alle gilt
die stabile akzentuelle Negierung jeglicher Endbetonung in den
Kurz- und Langformen:

1. Die erste Silbe betonen (здра́вый — здрав здра́во здра́ва
   здра́вы):

здра́вый	*gesund*	ве́чный	*ewig*
а́лый	*purpurrot*	ле́стный	*schmeichelhaft*
вя́лый	*welk*	зло́стный	*boshaft*
я́рый	*wütend*	вня́тный	*vernehmlich, ver-*
ру́сый	*hellbraun*		*ständlich*
пе́ший	*zu Fuß*	сро́чный	*eilig, dringend*
пе́гий	*scheckig* (Vieh)	спе́шный	*eilig*
зло́бный	*wütend*	хи́щный	*gierig* (Raubtier)
зло́бен -бна		скло́чный	*streitsüchtig*
ди́вный	*herrlich*	лю́дный	*bevölkert*
я́вный	*offenkundig*	сме́жный	*benachbart*
пра́здный	*müßig, untätig*	свя́зный	*zusammen-*
ча́дный	*qualmig*		*hängend*
ло́жный	*falsch*	чва́нный	*wichtigtuerisch*
сне́жный	*schneeig*	жёлчный	*gallig*
зно́йный	*heiß*	а́лчный	*habgierig*
со́нный	*verschlafen*	тле́нный	*verweslich*
це́нный	*wertvoll*	бре́нный	*vergänglich*
ме́рный	*rhythmisch*	ми́рный	*friedlich*
спо́рный	*strittig*	вздо́рный	*zänkisch*
тще́тный	*vergeblich, um-*	смра́дный	*stinkend*
	sonst	де́льный	*tüchtig*
сме́ртный	*sterblich*	ско́рбный	*gramvoll*

дро́бный	*aufgeteilt*	по́шлый	*durchtrieben*
дре́вний	*alt*	блёклый	*fahl, matt, ver-*
жгу́чий	*glühend, heftig*		*blaßt*
жгуч		па́губный	*verhängnisvoll*
зря́чий	*sehend*	ко́свенный	*indirekt*
вхо́жий	*gern gesehen*	ме́дленный	*langsam*
рья́ный	*sehr eifrig*	ла́комый	*schmackhaft*
пря́ный	*gewürzt*	чо́порный	*prüde, zimperlich*
пла́вкий	*schmelzbar*	ска́редный	*geizig*
па́дкий	*erpicht*	льсти́вый	*schmeichelhaft*
ве́ский	*gewichtig*	вы́чурный	*verschnörkelt*
тря́ский	*rüttelnd*	ве́жливыи	*höflich*
лжи́вый	*verlogen*	и́скренний	*aufrichtig*
взро́слый	*erwachsen*	све́дущий	*kompetent*
ча́хлый	*verkümmert*		

2. Die zweite Silbe betonen (убо́гий — убо́г убо́го убо́га убо́ги):

убо́гий	*notleidend*	отли́чный	*ausgezeichnet*
упру́гий	*elastisch*	дото́шный	*sachkundig, er-*
жесто́кий	*grausam*		*fahren*
пого́жий	*heiter*	насу́щный	*lebenswichtig*
похо́жий	*ähnlich*	изя́щный	*elegant, schön*
могу́чий	*gewaltig*	багря́ный	*purpurn*
дрему́чий	*undurchdringlich*	румя́ный	*rot, gerötet*
	(Wald)	неле́пый	*absurd*
гото́вый	*fertig*	свире́пый	*grausam*
суро́вый	*rauh, streng*	чума́зый	*schmutzig*
багро́вый	*purpurrot*	поджа́рый	*sehnig, hager*
краси́вый	*hübsch*	удо́бный	*bequem*
рети́вый	*sorgfältig*	спосо́бный	*fähig*
учти́вый	*höflich*	усе́рдный	*eifrig*
спорти́вный	*sportlich*	любе́зный	*freundlich*
шерша́вый	*rauh, rissig*	блаже́нный	*glückselig*
карта́вый	*schnarrend*	прия́тный	*angenehm*
бога́тый	*reich*	прозра́чный	*durchsichtig*
серди́тый	*böse, zornig*	прили́чный	*schicklich*
знако́мый	*bekannt*	пону́рый	*niedergeschlagen*
угрю́мый	*mürrisch*	суту́лый	*gebeugt, bucklig*
волше́бный	*zauberhaft*		

3. Die dritte Silbe betonen (знамени́тый -знамени́т -о -а -ы):

знамени́тый	berühmt	откровéнный	aufrichtig
вопию́щий	himmelschrei-	неизмéнный	unwandelbar
	end	совоку́пный	vereint
неиму́щий	besitzlos	расторóпный	flink
неуклю́жий	plump		

4. Keine Kurzformen kennen aus ganz unterschiedlichen (sach- § 99
lichen, historischen u. a.) Gründen die folgenden Beispielreihen.
Dabei trifft solches sowohl für den endbetonten (I) wie wie für
den nichtendbetonten Typ (II) von Adjektiven zu:

(I.) гнедóй	braun (Pferd)	постовóй	Wachposten-
спиртнóй	alkoholisch	полковóй	Regiments-
речнóй	Fluß-	моховóй	Moos-
глазнóй	Augen-	ножевóй	Messer-
чумнóй	Pest-	нулевóй	Null-
свинóй	Schweins-	сырьевóй	Rohstoff-
мучнóй	Mehl-	хвостовóй	Schwanz-
грибнóй	Pilz-	трудовóй	Arbeits-
мяснóй	Fleisch-	звуковóй	Laut-
срамнóй	schamlos	пищевóй	Nahrungs-
пивнóй	Bier-	бытовóй	Lebens-
пушнóй	Pelz-	групповóй	Gruppen-
обувнóй	Schuh-	биржевóй	Börsen-
штрафнóй	Straf-	восковóй	Wachs-
резнóй	geschnitzt	горловóй	Gurgel-
стальнóй	Stahl-	грязевóй	Schlamm-
		духовóй	Blas(musik)
роковóй	schicksalhaft	клеевóй	Leim-
поливнóй	berieselt	вихревóй	Wirbelwind-
кореннóй	ursprünglich	хоровóй	Chor-
	(Bewohner)	целевóй	Ziel-
мостовóй	Brücken-	цирковóй	Zirkus-
годовóй	Jahres-	цифровóй	Ziffern-
игровóй	Spiel-	шлюзовóй	Schleusen-
деловóй	sachkundig	курсовóй	Kurs-
угловóй	Eck-	языковóй	Sprach-
рулевóй	Ruder-, Steuer-		
ротовóй	Mund-		

(II.) и́стый	*wahr, echt*	кау́рый	*braun* (Pferd)
бра́вый	*wacker*	зая́длый	*leidenschaftlich*
чётный	*klar teilbar*	пунцо́вый	*grellrot*
ча́лый	*gefleckt* (Pferd)	матёрый	*reif, ausgewach-*
ша́лый	*närrisch*		*sen*
то́рный	*gebahnt-*	перло́вый	*Perl-*
вя́щий	*größer, höher*	исто́шный	*verzweifelt*
ли́шний	*überflüssig*	пере́дний	*Vorder-*
ни́щий	*arm*	вече́рний	*Abend-*
ра́нний	*früh*	соло́вый	*bräunlichgelb*
по́здний	*spät*		(Pferd)
за́дний	*Hinter-*	чуба́рый	*gescheckt*
зи́мний	*Winter-*		(Pferd)
ве́щий	*prophetisch*		
сре́дний	*mittlerer*	со́бственный	*eigen*
ка́рий	*kastanienbraun*	бе́шеный	*tollwütig*
		дю́жинный	*gewöhnlich, all-*
осо́бый	*besonderer*		*täglich*
лило́вый	*lila*	па́левый	*strohgelb*

II. Die Akzenttypen der synthetisch gesteigerten Formen

§ 100   I. Der *Komparativ* stimmt in akzentueller Hinsicht mit der femininen Kurzform des Adjektivs überein, wenn als Endung -ée vorliegt: важне́е (важна́ *wichtig*), живе́е (жива́ *lebendig*), смешне́е (смешна́ *lächerlich*), умне́е (умна́ *klug*); похо́жее (похо́жа *ähnlich*), краси́вее (краси́ва *schön*), удо́бнее (удо́бна *bequem*); ме́дленее (ме́дленна *langsam*), па́губнее (па́губна *verhängnis-voll*).

Liegt dagegen -e als Endung vor, so besteht ein akzentueller Bezug zum Neutrum (Adverb): го́рче (го́рько *bitter*), жи́же (жи́дко *flüssig*), кро́тче (кро́тко *sanft*), про́ще (про́сто *einfach*), сла́ще (сла́дко *süß*), упру́же (упру́го *biegsam*).

Dieser Bezug ist nicht gegeben in folgenden Beispielen: вы́ше (высо́ко *hoch*), ши́ре (широ́ко *breit*), глу́бже (глубо́ко *tief*), коро́че (коротко́ *kurz*), моло́же (мо́лодо *jung*), да́ле да́лее да́льше (далеко́ далёко *fern*), деше́вле дешеве́е (дёшево *billig*), ме́не ме́нее ме́ньше (ма́ло мале́нько *klein, wenig*), бо́ле бо́лее бо́льше (мно́го *viel*).

Schema der synthetischen Komparation

Akz.typ	Kurzform Fem.	Komparativ	Superlativ
E_o	чудна́ умна́	чудне́е умне́е	-е́йший -е́йший
E_{sg}	— тепла́	— тепле́е	— -е́йший
E_f	жива́ быстра́	живе́е быстре́е	-е́йший -е́йший
E_{fpl}	дурна́ нова́	дурне́е нове́е	-е́йший -е́йший

II. Der *Superlativ* ist gleichermaßen akzentuiert wie der Komparativ der Bildungen auf -ée: важне́йший, умне́йший, удо́бнейший ме́дленейший. § 101

Zu Komparativen auf -e erscheint stets akzentuiertes -а́йший als superlativisches Formans: горча́йший, жидча́йший, кратча́йший, сладча́йший, высоча́йший, глубоча́йший, широча́йший.

5. Das Akzentsystem der Verben

I. Die Struktur der verbalen Akzenttypen (Konjugierte Formen)

Ausgehend von der Tatsache, daß die Betonung der Substantive im Russischen auf der intersyllabischen Kontrastfunktion der Akzentstelle gründet, erscheint es von vornherein als unwahrscheinlich, daß das Akzentsystem der Verben[1] anders § 102

---

[1] Erwähnt sei, daß das umfängliche, instruktive Werk E. Daum – W. Schenk: *Die russischen Verben.* 3. unveränd. Aufl. Leipzig 1964 auf. rund 800 Seiten mehr als 14.000 Verben und deren Formen akzentuiert vorführt, ohne auch nur den Versuch zu machen, das verbale Akzentsystem als solches zu eruieren oder zu skizzieren.

Das Wörterbuch von H. H. Bielfeldt kennt ebenso keine 'Akzenttypen der Konjugation' und damit auch keinen Chiffreverweis bei Verben. Die unter „Regeln der Konjugation" (S. XIXf.) dargebotenen Bemer-

motiviert sein könnte und folglich anderer Systematisierungskriterien bedürfte oder bedingte. Hier wie dort gilt das binäre Prinzip von „endbetont" und „nichtendbetont". War es dort die Numeruskategorie, die die Gradlinigkeit von stets „endbetont" (Akzentparadigma *A*) bzw. stets „nichtendbetont" (Akzentparadigma *D*) kreuzte und somit die akzentuelle Opposition von Singular und Plural hinzu konstituierte (Akzentparadigmen *B* und *C*), so tritt beim Verb eine vergleichbare Relation zwischen Präsens und Präteritum[2] auf. Mithin trifft man auch hier auf vier ver-

kungen über den „Akzent" gelten unterschiedslos den konjugierten Formen (Präsens, Imperativ, Präteritum) wie den nichtkonjugierten (Ptz. Präs. Akt., Adv. Ptz. der Gleichztk., Ptz. Präs. Pass., Ptz. Prät. Akt., Adv. Ptz. der Vorztk., Ptz. Prät. Pass.). Es ist evident, daß auf diese Weise nur die Akzentstelle der Formen vermerkt, nicht aber Akzentregeln der Konjugation aufgezeigt wurden.

Vollends nichtssagend ist daher, beispielsweise, die rubrizierte Angabe des folgenden Ausschnitts:

Regeln der Konjugation (nach H. H. Bielfeldt)

Form	Akzent
Prät. An die Stelle des -ть des Infinitivs treten -л -ла -ло -ли делал : делать	wie Infinitiv

Gegenüber dieser „Regel" bedarf der Umstand der besonderen Hervorhebung, daß das Wörterbuch die in akzentueller Hinsicht kritischen Formen sehr wohl unter den betroffenen Lemmata stets nennt und akzentlich markiert.

[2] Um diese beiden Formenreihen, die das Grundgerüst der russischen Konjugation darstellen, kreist auch das Bemühen von Z. Koiransky (S. XII), der mithin in seinem Wörterbuch ein Chiffresystem auch beim Verbum kennt. Es wird im folgenden wiedergegeben:

Akzent des Zeitworts (nach Z. Koiransky)

I. Im Präsens (Futurum der vollendeten Form) zeigt an:
[a] daß der Akzent auf den Personalendungen steht, z. B. брать
[a]:
берý -рёшь -рёт -рём -рёте -рýт

bale akzentuelle Grundtypen[3]. Sie werden wegen der funktionalen Vergleichbarkeit ihrer Konstituenten nebst dem Zusatz *v*(erbal) bezeichnet als *vA vB vC vD*. Es kann mit Gewißheit davon ausgegangen werden, daß diese vier Grundtypen auch das verbale Akzentsystem prägen.

[b] daß der Akzent auf den Vokal v o r der Personalendung gesetzt wird, z. B. воевáть [b]:
вою́-ю -ю́-ешь -ю́-ет -ю́-ем -ю́-ете -ю́-ют

[c] daß der Akzent in der e r s t e n Person Singularis a u f der Personalendung, in den übrigen Personen auf der Silbe v o r der Personalendung ruht, z. B. дремáть [c]:
дремлю́ дрéмлешь дрéмлет дрéмлем дрéмлете дрéмлют.

II. Den A k z e n t d e s P r ä t e r i t u m s zeigen nachstehende, den obigen Akzentzeichen des Präsens beigegebenen Z a h l e n an, welche bedeuten:

[1] daß der Akzent im männlichen Geschlecht auf der letzten, sonst aber auf der vorletzten Silbe ruht, z. B. натерéть [a 1]:
натёр натёрла натёрло натёрли

[2] daß der Akzent d u r c h w e g auf der l e t z t e n Silbe ist, z. B. вестú [a 2]:
вёл велá велó велú

[3] daß der Akzent im männlichen und weiblichen Geschlecht auf die letzte, im sächlichen Geschlecht und im Plural auf die vorletzte Silbe gesetzt wird, z. B. свить [a 3]:
свил свилá свúло свúли

[4] daß der Akzent im weiblichen Geschlecht auf der Endung, sonst aber auf der mit dem Zeitwort verbundenen Präposition ruht, z. B. померéть [a 4]:
пóмер померлá пóмерло пóмерли.

[3] Die Systematisierungen im Bereich des Verbs seitens Muttersprachler verbauen die Klarsicht dadurch, daß sie nicht das Akzentanliegen als solches in den Vordergrund rücken, sondern sekundär im Rahmen von Verbklassen, produktiven und unproduktiven, darüber handeln. Dabei beruht der Versuch von V. A. Red'kin, *a.a.O.* S. 116 ff. auf den Verbklassen des Werks von S. Karcevski: *Système du verbe russe*. Prague 1927. Dagegen basiert N. A. Fedjanina, *a.a.O.* S. 182 ff. auf P. S. Kuznecovs (*Sovremennyj russkij jazyk*, 1952, S. 270–278) fünf produktiven und vierzehn unproduktiven Verbklassen. Darauf bezieht sich auch N. A. Matveeva, *Udarenie* 1967, S. 42–49. Diesen drei Systematisierungen ist die Gegenüberstellung von „stammbetont" (merkmalhaft)/ „endungsbetont" (merkmallos) gemeinsam und damit die Verstrickung

Grundtyp *vA*: durchgehend endbetont im PräsFut und im Prät.
говор-ю́ -и́шь -и́т -и́м -и́те -я́т/говори́л -а -о -и

Grundtyp *vB*: endbetont im PräsFut, nichtendbetont im Prät.
сек-у́ сеч-ёшь -ёт -ём -ёте секу́т/сёк секла́ се́кло се́кли[4]

Grundtyp *vC*: nichtendbetont im PräsFut, endbetont im Prät.
ля́г-у ля́ж-ешь -ет -ем -ете ля́гут/лёг легла́ легло́ легли́[4]

Grundtyp *vD*: nichtendbetont im PräsFut und im Prät.
де́ла-ю де́ла-ешь -ет -ем -ете -ют/де́лал де́лала -ло -ли;
чита́-ю чита́-ешь -ет -ем -ете -ют/чита́л чита́ла -ло -ли.

§ 103　　Die Struktur dieser Grundtypen ist von ungetrübter Evidenz. Wer darin lediglich anstatt eines ordnenden Moments eine Konstruktion aus Systemzwang erblickt, der wird dem didaktischen Erfordernis des methodischen Anliegens nicht gerecht.

Zwar wird man sich wegen der Eindeutigkeit der Relation einem Grundtyp *vC* mit Argumenten nicht verschließen können, (obschon er nur über bloße vier Vokabeln verfügt), doch ist hernach wohl auch der Grundtyp *vB* nicht mehr bedenkenlos als „konstruiert" (mit einer überschaubaren Anzahl von Belegen) zu negieren.

Es mag schwerfallen, die Präterita говори́ла -ри́л und чита́ла -та́л in oppositioneller Rubrizierung anzuerkennen; doch die Präsensformen rechtfertigen dies. Und wer könnte die Prävalenz der synthetisch-morphologischen Struktur des Präsens gegenüber dem Präteritum im Rahmen der Konjugation in Zweifel ziehen? So macht es denn doch einen Unterschied zwischen diesen

---

in Fragen der morphologischen Subklassifikation (vgl. N. A. Fedjanina, *a.a.O.* 198 ff.; V. A. Red'kin, *a.a.O.* 117 f.; N. A. Matveeva, *a.a.O.* 43). – A. A. Zaliznjak, *Grammatičeskij slovar' russkogo jazyka*, 1977 kennt drei „Akzentschemata" für die Präsensformen und vier „Akzentschemata" bei Präteritumformen, um hernach auszuführen: „Praktisch begegnen alle möglichen Kombinationen zwischen diesen grundlegenden Akzentschemata der Präsens- und der Präteritformen" (81). Seine Systematik ist impraktikabel (Nachtrag).

[4] Bezüglich der einsilbigen maskulinen Formen сек als nichtendbetont (neben се́кла) und лёг als endbetont (neben легла́) vgl. die Ausführungen oben in § 22.

beiden so zahlreich vertretenen Typen auch unter dem Blickwin-
kel des Akzentanliegens[5].

Auch die verbalen akzentuellen Grundtypen (vA vB vC vD) § 104
sind offen für eine wechselnde Anzahl keineswegs willkürlicher
Varianten. Ausgehend von dem merkmalhaften Glied Präs/Fut
im Verhältnis zum Prät. sind die Abweichungen vom jeweiligen
Grundtyp systemgemäß beschreibend zu markieren.

Ein Exempel wie жить *leben*:
жив-у́ -ёшь -ёт -ём -ёте -у́т/жила́ — жи́л жи́ло жи́ли
stellt sich als Variante des Grundtyps vB dar, weil das Femini-
num akzentuell zu den Präsensformen steht. Das Femininum
verhält sich mithin negativ zu seinem (präteritalen) Formen-
kreis. Dies markieren wir als vB_{-f}. Rund 35 Verben folgen diesem
variierten Typ vB_{-f}.

Als Beispiel (in voller Durchschaubarkeit) zwar isoliert, doch § 105
für eine beträchtliche Gruppe stehend, ist мочь *können* heraus-
zustellen:
мог-у́ мо́ж-ешь -ет -ем -ете -ут/могла́ мог могло́ могли́.
Die Zugehörigkeit zum Grundtyp vC ist unverkennbar, doch
wird der ihn kennzeichnende akzentuelle Gegensatz im Präsens
durch die 1. Pers (Sg.) gestört. Wir markieren diese Variation als
Typ vC_{-1}, weil sich die 1. Pers (Sg.) negativ gegenüber den übri-
gen unbetonten Personalendungen verhält.

Da die beiden beschriebenen Varianten (Abweichung im § 106
Femininum/Prät. bzw. in 1. PersSg.) kombiniert begegnen, wird
dadurch ein weiterer (und letzter) verbaler Akzenttyp konsti-
tuiert. Ein Beispiel wie снять *abnehmen* belegt ihn:
сним-у́ сни́м-ешь -ет -ем -ете -ут/сняла́ снял сня́ло сня́ли.
Die Grundlage für diese Variation bietet der nichtendbetonte
Typ vD. Wir markieren diese Variation entsprechend als vD_{-1-f}.

---

[5] Symmetrische akzentliche Entsprechung zwischen den Formenrei-
hen von Präs/Fut und Prät ist allein schon angesichts der historisch-
morphologischen Heterogenität beider nicht zu erwarten. Die sog. л-
Formen, zum Präteritum geworden, sind in ihrer eigenartigen Mannig-
faltigkeit den Sonderverhältnissen (insbesondere maskuliner) adjekti-
scher Kurzformen durchaus vergleichbar (vgl. z.B. die §§ 95, 96).

Mithin stellen sich die Typen und Varianten bildenden verbalen Akzentparadigmen folgendermaßen im Schema dar:

Schema der Akzentparadigmen des Verbs

			vA	vB	vB_{-f}	vC	vC_{-1}	vD	vD_{-1-f}
Präs./ Futur	Sing.	Pers. 1.	■	■	■	□	■	□	■
		2.	■	■	■	□	□	□	□
		3.	■	■	■	□	□	□	□
	Plur.	1.	■	■	■	□	□	□	□
		2.	■	■	■	□	□	□	□
		3.	■	■	■	□	□	□	□
Prät.	Sing.	fem.	■	□	■	■	■	□	■
		mask. neutr.	■	□	□	■	■	□	□
	Plur.	–	■	□	□	■	■	□	□

Das ■-Zeichen markiert die merkmalhafte Endbetonung, das Zeichen □ dagegen die merkmallose Nichtendbetonung.

Die Paradigmen sind zu lesen vA als „verbaler endbetonter Typ"; vB „verbaler endbetonter Typ im Präs/Fut"; vB_{-f} „verbaler endbetonter Typ im Präs/Fut und im Femininum"; vC „verbaler nichtendbetonter Typ im Präs/Fut"; vC_{-1} „verbaler nichtendbet. Typ im Präs/Fut ausgenommen 1. PersSg"; vD „verbaler nichtendbetonter Typ"; vD_{-1-f} „verbaler nichtendbetonter Typ ausgenommen 1. PersSg und Femininum". Die Kennzeichnung der verbalen Akzentparadigmen erfolgt mithin von der Warte des konjugierten Gebildes Präs/Fut; sie ist solchermaßen und eigentlich systemadäquat.

II. Die Frequenzen der verbalen Akzenttypen

§ 107   *I. Verbaler Akzenttyp vA.* Der Bestand ist nicht mit Sicherheit in seinem zahlenmäßigen Umfang anzugeben.

1. Hierher zählen vor allem Verben des *i-Präsens* wie: гово-
ри́ть *sprechen*, звони́ть *klingeln*, благодари́ть *danken*, пригла-
си́ть *einladen*, посети́ть *besuchen*; ferner сиде́ть *sitzen*, гляде́ть
schauen, висе́ть *hängen*, горе́ть *brennen*, боле́ть *wehtun*, лете́ть
fliegen, (сверби́т *juckt*, кипи́т *siedet, wallt*, копти́т *rußt*,) гуде́ть
summen, свисте́ть *pfeifen*, шипе́ть *zischen*, шуме́ть *lärmen*, хра-
пе́ть *schnarchen*, хрипе́ть *röcheln*; ebenso лежа́ть *liegen*,
крича́ть *schreien*, молча́ть *schweigen*, боя́ться *sich fürchten*,
дрожа́ть *zittern*, жужжа́ть *summen*, стоя́ть *stehen*, стуча́ть *klop-
fen*, бежа́ть (бегу́ бежи́шь) *laufen*.

Verbaler Akzenttyp *vA*

Präs/Fut						Prät		
Sg			Pl			Sg		Pl
1. Pers.	2. Pers.	3. Pers.	1. Pers.	2. Pers.	3. Pers.	fem.	mask. ntr.	
■	■	■	■	■	■	■	■	■

2. Verben des *ё-Präsens*: печь *backen* (пеку́ печёшь -ёт/пёк
пекла́ -ло́ -ли́), нести́ несу́ *tragen*, мести́ мету́ *fegen*, везти́ везу́
fahren, идти́ иду́ *gehen*, грести́ гребу́ *rudern*, спасти́ спасу́ *ret-
ten*, расти́ расту́ *wachsen*, трясти́ трясу́ *schütteln*, цвести́ цвету́
blühen, течь теку́ *fließen*, развле́чь развлеку́ pf *zerstreuen, unter-
halten*, бере́чь берегу́ *hüten*, стере́чь стерегу́ *bewachen*, толо́чь
толку́ — толо́к толкла́ -о́ -и́ *zerstoßen*.

Ebenso: плева́ть плюю́ -ёшь — плева́л плева́ла *spucken*,
кова́ть кую́ -ёшь — кова́л кова́ла *schmieden*, сова́ть сую́ -ёшь
— сова́л сова́ла *hineinstecken*, жева́ть жую́ -ёшь — жева́л
жева́ла *kauen*, блева́ть блюю́ -ёшь — блева́л блева́ла *speien*,
узнава́ть узнаю́ -ёшь — узнава́л узнава́ла *erfahren, erkennen*,
встава́ть встаю́ -ёшь — встава́л встава́ла *aufstehen*.

II. Verbaler Akzenttyp vB. Die Gruppe umfaßt wenig mehr als § 108
zwei Dutzend Beispiele, selbst wenn die präfigierten Verben hin-
zugezählt werden.
   Dazu gehören Verben des *ё-Präsens*: сечь секу́ сечёшь — сек
секла́ *schneiden*, грызть грызу́ грызёшь — грыз гры́зла *nagen*,

Verbaler Akzenttyp *vB*

Präs/Fut						Prät		
Sg			Pl			Sg		Pl
1. Pers.	2. Pers.	3. Pers.	1. Pers.	2. Pers.	3. Pers.	fem.	mask. ntr.	
■	■	■	■	■	■	□	□	□

красть краду́ -ёшь — кра́ла *stehlen*, пасть *v* паду́ - ёшь — па́ла
fallen, стричь стригу́ -жёшь — -стриг стри́гла (*ab*)*schneiden*
(Haare, Nägel), класть кладу́ -ёшь — клал кла́ла *legen*, тере́ть
тру трёшь — тёр тёрла *reiben*, жать жму жмёшь — жал жа́ла
pressen, жать жну жнёшь — жал жа́ла *ernten*, мять мну мнёшь
— мял мя́ла *zerknüllen*, распя́ть *v* -пну́ -ёшь — распя́л -пя́ла
kreuzigen, ошиби́ться *v* -бу́сь -бёшься — оши́бся оши́блась
sich irren, шить шью шьёшь — шил ши́ла *nähen*, бить бью
бьёшь — бил би́ла *schlagen*, слать шлю шлёшь — слал сла́ла
senden, петь пою́ поёшь — пел пе́ла *singen*; sodann есть ем
ешь еди́м еди́те едя́т — ел е́ла *essen*.

§ 109   *III. Verbaler Akzenttyp vB₋ₛ. Der Bestand, ohne präfigierte,
umfaßt rund 35 Vokabeln.
    1. Dazu gehören mit ё-*Präsens*: жить живу́ -ёшь — жила́
жил жи́ло жи́ли *leben*, плыть плыву́ -ёшь — плыла́ плыл
плы́ло плы́ли *schwimmen*, слыть слыву́ -ёшь — слыла́ слыл
слы́ло слы́ли *gelten*, пить пью пьёшь — пила́ пил пи́ло
пи́ли *trinken*, лить лью льёшь — лила́ ли́ли *gießen*, вить вью
вьёшь — вила́ ви́ли *winden*, прясть пряду́ -ёшь — пряла́ пря́ли
spinnen, ткать тку ткёшь ткут — ткала́ ткал тка́ли *weben*, гнить
гнию́ гниёшь — гнила́ гни́ло *vermodern*, дать *v* дам — дала́
да́ли *geben*, умере́ть *v* умру́ -ёшь -у́т — умерла́ у́мер (!) у́мерло
у́мерли *sterben*, запере́ть *v* запру́ запрёшь — заперла́ за́пер за́-
перли *abschließen*, взять *v* возьму́ -мёшь — взяла́ взя́ли *neh-
men*, нача́ть *v* начну́ -ёшь — начала́ на́чал *beginnen*, поня́ть *v*
пойму -мёшь — поняла́ по́нял по́няло по́няли *verstehen*,
заня́ть *v* займу́ -мёшь — заняла́ за́нял за́няло за́няли *belegen*,
borgen, уня́ть *v* уйму́ -мёшь — уняла́ уня́л уня́ло уня́ли *be-
schwichtigen*, беру́ берёшь — брала́ брал бра́ли *nehmen*, лгать
лгу лжёшь лгут — лгала́ лгал лга́ли *lügen*, ждать жду ждёшь

ждут — ждала́ ждал жда́ли *warten*, звать зову́ зовёшь — звала́
звал зва́ли *rufen*, врать вру врёшь — врала́ врал вра́ли *lügen*,
жрать жру жрёшь — жрала́ жрал жра́ло *fressen*, рвать рву
рвёшь рвут — рвала́ врал вра́ло *zerreißen, erbrechen*, драть деру́
дерёшь — драла́ драл дра́ло *zerreißen*, прокля́сть *v* прокляну́
-нёшь -ну́т — прокляла́ про́клял про́кляли *verfluchen*.

Verbaler Akzenttyp *vB₋ⱼ*

	Präs/Fut						Prät	
	Sg			Pl			Sg	Pl
1. Pers.	2. Pers.	3. Pers.	1. Pers.	2. Pers.	3. Pers.	fem.	mask. ntr.	
■	■	■	■	■	■	■	□	□

2. Mit *i-Präsens* als einziges Verb: спать сплю спишь — спала́ спал спа́ли *schlafen*.

IV. Verbaler Akzenttyp vC. Er kehrt nur spärlich wieder. § 110
Dazu gehören lediglich die folgenden Verben: лечь ля́гу
ля́жешь — лёг легла́ легло́ легли́ *sich hinlegen*, колеба́ть
коле́блю коле́блешь — колеба́л колеба́ла *schwanken lassen*,
колыха́ть колы́шу колы́шешь — колыха́л колыха́ла *schaukeln, wogen*, алка́ть а́лчу а́лчешь — алка́л алка́ла (poet.) *dürsten, verlangen*.

Verbaler Akzenttyp *vC*

	Präs/Fut						Prät	
	Sg			Pl			Sg	Pl
1. Pers.	2. Pers.	3. Pers.	1. Pers.	2. Pers.	3. Pers.	fem.	mask. ntr.	
□	□	□	□	□	□	■	■	■

V. Verbaler Akzenttyp vC₋₁. Am reinsten ist er repräsentiert § 111
durch мочь могу́ мо́жешь мо́гут — мог могла́ могло́ могли́
können, помо́чь *v* *helfen*.

1a. Mit *e-Präsens* erscheinen ferner: колóть колю́ кóлешь кóлют — колóл колóла *spalten*, борóться борю́сь бóрешься бóрется — борóлся борóлась *kämpfen*, полóть полю́ пóлешь пóлют — полóл полóла *jäten*, молóть мелю́ мéлешь мéлют — молóл молóла *mahlen*.

Ferner ebenso (mit e-Präsens): искáть ищу́ и́щешь и́щут — искáл искáла *suchen*, дремáть дремлю́ дрéмлешь дрéмлют — дремáл дремáла *schlummern*, писáть пишу́ пи́шешь пи́шут — писáл писáла *schreiben*, бормотáть бормочу́ бормóчешь бормóчут — бормотáл бормотáла *murmeln*;

вязáть	*stricken, binden*	плясáть	*tanzen*
грохотáть	*krachen, poltern*	сказáть	*sagen*
клеветáть	*verleumden*	скакáть	*hüpfen*
лепетáть	*lallen*	скрежетáть	*knirschen*
лизáть	*lecken*		*(Zähne)*
лопотáть	*schnattern, reden*	стрекотáть	*zirpen*
низáть	*aufreihen*	тесáть	*zimmern*
обязáть	*verpflichten*	трепáть	*zerren*
пахáть	*ackern*	трепетáть	*beben, zittern*
щипáть	*kneifen*	хлопотáть	*sich bemühen*
плескáть	*plätschern*	чесáть	*kämmen*
свистáть	*pfeifen*	шептáть	*flüstern*
топтáть	*zertreten*	щекотáть	*kitzeln*
глодáть	*nagen*	щепáть	*abspalten*
метáть	*schleudern, werfen*		

1b. Ebenso mit *e-Präsens* stehen zusammen: тону́ть тону́ тóнешь тóнут — тону́л тону́ла *sinken*, тяну́ть тяну́ тя́нешь — тяну́л тяну́ла *ziehen*, мину́ть v 1. Pers. ungebr. ми́нешь — ми-

Verbaler Akzenttyp *vC₋₁*

Präs/Fut						Prät		
Sg			Pl			Sg		Pl
1. Pers.	2. Pers.	3. Pers.	1. Pers.	2. Pers.	3. Pers.	fem.	mask. ntr.	
■	□	□	□	□	□	■	■	■

нýл минýла *vorübergehen*, взглянýть *v* взглянý взгля́нешь —
взглянýл взглянýла *ansehen*, обманýть *v* обманý обмáнешь —
обманýл обманýла *betrügen*, помянýть *v* помянý помя́нешь —
помянýл, помянýла *gedenken*.

2a. Mit *i-Präsens* findet sich eine umfängliche Gruppe:
люби́ть люблю́ лю́бишь лю́бят — люби́л люби́ла *lieben*,
дели́ть делю́ дéлишь дéлят — дели́л дели́ла (*ver-, ein-)teilen*,
служи́ть служý слýжишь слýжат — служи́л служи́ла *dienen*,

буди́ть	*aufwecken*	лупи́ть	*schälen, ver-*
дари́ть	*schenken*		*hauen*
вали́ть	*umwerfen*	суши́ть	*trocknen*
вари́ть	*kochen*	измени́ть *v*	*ändern, ver-*
гаси́ть	*auslöschen*		*raten*
дави́ть	*drücken*	меси́ть	*kneten*
хвали́ть	*loben*	обмени́ть *v*	*auswechseln,*
души́ть	*erwürgen*		*umtauschen*
дразни́ть	*necken, hän-*	моли́ться	*beten*
	seln	моли́ть	*anflehen*
жени́ть	*heiraten*	пили́ть	*sägen*
зубри́ть	*pauken*	проси́ть	*bitten*
клони́ть	*neigen*	руби́ть	*fällen*
плати́ть	*bezahlen*	точи́ть	*schleifen*
колоти́ть	*schlagen*	свети́ть	*scheinen,*
копи́ть	*ansammeln*		*leuchten*
корми́ть	*füttern*	суди́ть	*urteilen*
кури́ть	*rauchen*	тужи́ть	*traurig sein*
купи́ть *v*	*kaufen*	[1]топи́ть	*versenken*
лови́ть	*fangen, jagen*	[2]топи́ть	*heizen*
кути́ть	*prassen*	торопи́ть	*beeilen*
лепи́ть	*modellieren,*	трави́ть	*vergiften,*
	kleben		*ätzen*
лечи́ть	*heilen*	учи́ть	*lehren*
ломи́ть	*brechen*	ходи́ть	*gehen*
положи́ть *v*	*legen, an-*	тащи́ть	*schleppen*
	nehmen	туши́ть	*löschen*
води́ть	*führen*	носи́ть	*tragen*
сложи́ть *v*	*zusammen-*	вози́ть	*fahren*
	legen	броди́ть	*umherschlen-*
хорони́ть	*beerdigen*		*dern*

сади́ть	*pflanzen*	учи́ться	*lernen*
пусти́ть *v*	*loslassen*	уди́ть	*angeln*
крести́ть	*taufen*	яви́ться *v*	*erscheinen*
серди́ть	*ärgern*	заблуди́ться *v*	*sich verirren*
коси́ть	*mähen*	постанови́ть *v*	*beschließen*
поручи́ть *v*	*beauftragen*	повороти́ть *v*	*umdrehen*
крути́ть	*drehen*	поглоти́ть *v*	*verschlingen*
мочи́ть	*benetzen, naß machen*	поклони́ться *v*	*sich verbeugen*
станови́ться	*werden*	молоти́ть	*dreschen*
кати́ть	*rollen*	поступи́ть *v*	*verfahren,*
цеди́ть	*durchseihen*		*vorgehen*
шути́ть	*spaßen*	раствори́ть *v*	*auflösen*
цени́ть	*schätzen*	получи́ть *v*	*bekommen*

2b. Ebenso mit *i*-Präsens (durch ihren Infinitiv jedoch unterschieden): держа́ть держу́ де́ржишь де́ржат — держа́л держа́ла *halten*, дыша́ть дышу́ ды́шишь ды́шат — дыша́л дыша́ла *atmen*, смотре́ть смотрю́ смо́тришь смо́трят — смотре́л смотре́ла *schauen*, терпе́ть терплю́ те́рпишь те́рпят — терпе́л терпе́ла *ertragen, dulden*.

§ 112   *VI. Verbaler Akzenttyp vD.* Hierfür sind angesichts der Fülle des Materials nur Gruppen zu nennen. Der Bestand kennt insgesamt keinen Akzentwechsel.

1. Mit *e*-Präsens (gemäß де́лаю де́лаешь — де́лал де́лала *machen*) heben sich folgende Gruppierungen ab:

ду́мать	*denken*	щёлкать	*schnalzen*
бе́гать	*laufen*	што́пать	*stopfen*
бры́згать	*bespritzen*	шлёпать	*schlurfen*
бу́лькать	*gluckern*	ша́ркать	*scharren*
ве́дать	*verwalten*	ша́мкать	*murmeln*
ве́шать	*(er)hängen, abwiegen*	чи́ркать	*anreiben*
		че́рпать	*schöpfen*
дви́гать	*bewegen*	кли́кать	*herbeirufen*
дёргать	*zupfen, ziehen*	жа́ждать	*dürsten*
		звя́кать	*klirren*
ёрзать	*zappeln*	ква́кать	*quaken*
пла́вать	*schwimmen*	ко́мкать	*zerknüllen*
щу́пать	*betasten*	ку́тать	*einhüllen*

ла́ять	*bellen*	хрю́кать	*grunzen*
ло́пать	*fressen*	цо́кать	*klappern*
ля́згать	*rasseln*	ча́вкать	*schmatzen*
ля́пать	*pfuschen*	пры́скать	*spritzen*
ме́шкать	*zaudern*	пры́гать	*springen*
ню́хать	*riechen*	слу́шать	*hinhören*
о́хать	*seufzen*	стря́пать	*zubereiten*
па́дать	*fallen*	ти́кать	*ticken*
пи́чкать	*überfüttern*	ти́скать	*umarmen*
то́пать	*trampeln*	ры́скать	*herumrennen*
тро́гать	*anfassen*	пу́тать	*verwirren, ver-*
ты́кать	*duzen*		*wechseln*
тя́пать	*fassen*	по́лзать	*kriechen*
фы́ркать	*fauchen*	у́жинать	*abendessen*
хва́стать	*prahlen*	за́втракать	*frühstücken*
хло́пать	*klatschen*	спра́шивать	*fragen*
хны́кать	*schluchzen*		

Verbaler Akzenttyp *vD*

Präs/Fut						Prät		
Sg			Pl			Sg		Pl
1. Pers.	2. Pers.	3. Pers.	1. Pers.	2. Pers.	3. Pers.	fem.	mask. ntr.	
☐	☐	☐	☐	☐	☐	☐	☐	☐

рабо́тать	*arbeiten*	баю́кать	*Schlaflied*
обе́дать	*mittagessen*		*singen*
печа́тать	*drucken*	каля́кать	*schwatzen*
воро́чать	*umdrehen*	куда́хтать	*gackern*
кове́ркать	*radebrechen*	хихи́кать	*kichern*
чири́кать	*zwitschern*	шушу́кать	*flüstern*
блиста́ть	*glänzen*	быва́ть	*vorkommen*
блужда́ть	*irren*	валя́ть	*wälzen*
болта́ть	*schwatzen*	вая́ть	*meißeln*
броса́ть	*werfen*	венча́ть	*trauen*
бряца́ть	*klimpern*		(kirchl.)

верстáть	umbrechen (Korrektur)	ломáть	brechen
		макáть	eintunken
ветшáть	verfallen	марáть	beschmieren
витáть	schweben	махáть	winken
влия́ть	beeinflussen	мелькáть	flimmern
вникáть	eindringen	меня́ть	tauschen
впадáть	verfallen	мешáть	stören
вращáть	drehen	мигáть	blinzeln
втыкáть	hineinstecken	моргáть	blinzeln
глотáть	schlucken	мотáть	haspeln, vergeuden
гоня́ть	jagen		
гуля́ть	bummeln	мужáть	mannbar werden
дерзáть	wagen		
должáть	Schulden machen	нищáть	verarmen
		ныря́ть	untertauchen
зевáть	gähnen	пая́ть	verlöten
зия́ть	klaffen	пеня́ть	vorwerfen
игрáть	spielen	питáть	ernähren
икáть	Schlucken haben	пихáть	stoßen
		плутáть	herumirren
карáть	strafen	поймáть v	fangen
катáть	rollen	пугáть	erschrecken
качáть	schaukeln	пылáть	lodern
кивáть	nicken	пытáть	foltern
кидáть	schmeißen	ровня́ть	planieren
клепáть	(ver)nieten, verleumden	роня́ть	fallen lassen
		ругáть	beschimpfen, schelten
кончáть	endigen, Schluß machen		
		рыдáть	schluchzen
		сажáть	pflanzen
копáть	umgraben	сверкáть	funkeln
кромсáть	zerstückeln	сия́ть	scheinen
купáть	baden	скучáть	sich langweilen
кусáть	beißen		
лакáть	lecken	слезáть	absteigen
ласкáть	liebkosen	стегáть	peitschen
латáть	flicken	стенáть	stöhnen
летáть	fliegen	стирáть	waschen
лишáть	berauben	страдáть	leiden
лобзáть	küssen	стреля́ть	schießen

строга́ть	hobeln	хрома́ть	hinken
струга́ть	hobeln	цепля́ть	sich klam-
стяжа́ть	erwerben		mern
таска́ть	schleppen	чита́ть	lesen
тача́ть	steppen, zus.-	чиха́ть	niesen
	nähen	шага́ть	schreiten
терза́ть	quälen	шата́ть	wackeln
теря́ть	verlieren	швыря́ть	schleudern
толка́ть	stoßen	шныря́ть	umherlaufen,
тяга́ть	ziehen		schnüffeln
хвата́ть	fassen	явля́ть	zeigen
хлеба́ть	schlürfen		

2 a. Ebenso stehen hierzu Verben wie беле́ть беле́ю беле́ешь — беле́л беле́ла *weiß werden*

красне́ть	erröten	свирепе́ть	wütend wer-
сине́ть	blau werden		den
черне́ть	schwarz wer-	уме́ть	können
	den	владе́ть	(be)herrschen,
желте́ть	gelb werden		besitzen
седе́ть	grau werden	ржа́веть (!)	rosten
бледне́ть	blaß werden	робе́ть	zaghaft wer-
худе́ть	abmagern		den
боле́ть	krank sein	име́ть	haben
старе́ть	altern	гре́ть	wärmen
хире́ть	verkümmern	зре́ть	reifen
толсте́ть	dick werden	мле́ть	absterben
косне́ть	erstarren		(Füße)
скуде́ть	arm werden	рде́ть	sich röten, er-
лысе́ть	kahlköpfig		röten
	werden	сме́ть	wagen
хиле́ть	schwach wer-	успе́ть v	zurechtkom-
	den		men, etw. er-
жале́ть	bedauern		reichen
полне́ть	dicker werden	разуме́ть	begreifen
трезве́ть	ernüchtern	гове́ть	fasten
зелене́ть	grünen	цепене́ть	erstarren
молоде́ть	verjüngen	уцеле́ть v	heil bleiben
кочене́ть	erstarren	тяготе́ть	hingezogen
пламене́ть	flammen		sein

наторе́ть v	erfahren sein	запечатле́ть v	haftenbleiben
костене́ть	erstarren, ver-	одоле́ть v	überwältigen
	steinern	вожделе́ть v	herbeisehnen
осточерте́ть v	satthaben	оторопе́ть v	verdutzt sein

2b. Für sich steht hierher die kleine Gruppe ohne 1. und
2. Pers Präs: темне́ть темне́ет *finster werden*, густе́ть густе́ет
dichter werden, светле́ть светле́ет *hell werden*, довле́ть довле́ет
genügen, спе́ть спе́ет *reifen*, тле́ть тле́ет *verwesen*, пре́ть пре́ет
modern.

§ 113   3. Ebenso mit *e-Präsens* steht hierzu der morphologisch zahl-
reich vertretene Typ: ми́ловать ми́лую ми́луешь — ми́ловал
ми́ловала *begnadigen*, der aber akzentuell differenziert vorliegt:

ра́доваться	sich freuen	иссле́довать	erforschen
ве́ровать	glauben	сове́товать	beraten
ночева́ть	nächtigen	муштрова́ть	drillen
балова́ть	verhätscheln	основа́ть v	begründen
бушева́ть	tosen	пасова́ть	aufgeben
вальцева́ть	walzen	ревнова́ть	eifersüchtig
воева́ть	kämpfen		sein
волнова́ть	aufregen	рисова́ть	zeichnen
воркова́ть	schöntun	страхова́ть	versichern
ворова́ть	stehlen	тасова́ть	mischen
колдова́ть	hexen		(Spielk.)
корчева́ть	roden	толкова́ть	erklären
кочева́ть	nomadisieren	тоскова́ть	trauern
кукова́ть	Kuckuck ru-	целова́ть	küssen
	fen	именова́ть	benennen
ликова́ть	frohlocken	негодова́ть	entrüstet sein
милова́ть	liebkosen	образова́ть v	bilden
минова́ть v/uv	vorbeigehen	полосова́ть	in Streifen
мурова́ть	mauern		teilen
соревнова́ться	wetteifern	существова́ть	existieren

§ 114   4a. Durch ihr *e-Präsens* stehen zusammen кри́кнуть v
кри́кну -нешь — кри́кнул кри́кнула *schreien*:

| бры́знуть v | spritzen | вы́нуть v | herausneh- |
| всхли́пнуть v | schluchzen | | men |

гля́нуть *v*	blicken	ри́нуть (-ся) *v*	sich stürzen
дви́нуть *v*	bewegen	ру́хнуть *v*	einstürzen
дёрнуть *v*	reißen	сви́стнуть *v*	pfeifen
дро́гнуть *v*	zittern	сги́нуть *v*	verschwinden
ду́нуть *v*	blasen	скри́пнуть *v*	knarren
ки́нуть *v*	werfen	сту́кнуть *v*	klopfen
кли́кнуть *v*	rufen	су́нуть *v*	hineinstecken
клю́нуть *v*	picken	ти́снуть *v*	andrücken
ло́пнуть *v*	bersten	тре́снуть *v*	platzen
ля́пнуть *v*	heraus-	тро́нуть *v*	abfahren, be-
	platzen		rühren
о́хнуть *v*	stöhnen	сли́пнуть *v*	schluchzen
пи́кнуть *v*	piepen	хло́пнуть *v*	zuschlagen
пи́скнуть *v*	piepen	щёлкнуть *v*	schnalzen
пры́гнуть *v*	springen	шмя́кнуть *v*	hinwerfen
пры́снуть *v*	spritzen	поки́нуть *v*	verlassen
пря́нуть *v*	sich rühren		

4b. Eine geschlossene Gruppe bilden die imperfektiven Inchoativa wie ги́бнуть ги́бну ги́бнешь — гиб ги́бла *umkommen*:

блёкнуть	verblassen	мёрзнуть	frieren, ge-
бу́хнуть	anschwellen		frieren
ви́снуть	hängen	мо́кнуть	naß werden
вя́знуть	einsinken	ни́кнуть	welken
вя́нуть	verwelken	па́хнуть	duften
га́снуть	erlöschen	пу́хнуть	anschwellen
гло́хнуть	taub werden	си́пнуть	heiser werden
до́хнуть	krepieren	слѣ́пнуть	blind werden
зя́бнуть	frieren	со́хнуть	trocknen
кре́пнуть	erstarken	сты́нуть	erkalten
ли́пнуть	kleben blei-	хри́пнуть	heiser werden
	ben	ча́хнуть	dahinsiechen

5. Für sich stehen isolierte Exempel mit konstanter Akzent- **§ 115** stelle:

мыть мо́ю мо́ешь мо́ют — мыл мы́ла мы́ло *waschen*
крыть кро́ю кро́ешь кро́ют — крыл кры́ла кры́ло *bedecken*
ныть (но́ю но́ешь) но́ет — ныл ны́ла ны́ло *wehtun, klagen*
рыть ро́ю ро́ешь ро́ют — рыл ры́ла ры́ло *graben*

дуть ду́ю ду́ешь — дул ду́ла ду́ло *blasen*
обу́ть *v* обу́ю — обу́л обу́ла обу́ло *Schuhe anziehen*
разу́ть *v* разу́ю — разу́л разу́ла разу́ло *Schuhe ausziehen*

деть *v* де́ну де́нешь — дел де́ла де́ло *hintun, stecken*
стыть сты́ну сты́нешь — стыл сты́ла сты́ло *kalt werden*

брить бре́ю бре́ешь — брил бри́ла бри́ло *rasieren*

сесть *v* ся́ду ся́дешь — сел се́ла се́ло *sich setzen*

§ 116 *VII. Verbaler Akzenttyp vD.₋₁₋f.* Er eint nur wenige Verben mit verschiedenartiger Präsensbildung.

i-Präsens: гнать гоню́ го́нишь го́нят — гнала́ гнал гна́ло *treiben*

Verbaler Akzenttyp $vD._{1-f}$

Präs/Fut						Prät		
Sg			Pl			Sg		Pl
1. Pers.	2. Pers.	3. Pers.	1. Pers.	2. Pers.	3. Pers.	fem.	mask. ntr.	
■	□	□	□	□	□	■	□	□

e-Präsens: стлать стелю́ сте́лешь сте́лют — стлала́ стлал стла́ло *bedecken*
подня́ть *v* подниму́ подни́мешь подни́мут — подняла́ по́днял по́дняло *hochheben*
обня́ть *v* обниму́ обни́мешь — обняла́ обня́л обня́ло обня́ли *umarmen*
разня́ть *v* разниму́ разни́мешь — разняла́ разня́л *auseinandernehmen.*

III. TEIL

ANMERKUNGEN ZUR GESCHICHTLICHKEIT
DES WORTAKZENTS
DER RUSSISCHEN LITERATURSPRACHE

Es ist gewiß berechtigt, den vorliegenden Leitfaden mit eini- § 117
gen wenigen geschichtlichen Erläuterungen nachträglich zu ver-
sehen. Sie wollen ein vertieftes Verständnis wecken. Daher
betreffen sie zum einen das Regelwerk des russischen Akzentge-
füges in seiner historisch-genetischen Einbettung; zum anderen
zeichnen diese Anmerkungen in groben Strichen die Anfänge
der Akzentforschung im größeren indogermanistischen sowie im
slawistischen Rahmen nach.

Franz Bopp (1791-1867) hatte in der Abhandlung „Verglei-
chendes Accentuationssystem nebst einer gedrängten Darstel-
lung der grammatischen Übereinstimmungen des Sanskrit und
Griechischen" (Berlin 1854) die Bedeutsamkeit auch des Litaui-
schen und des Slawischen für seine akzentuellen Vergleiche und
die frappant aufschließenden Gleichungen innerhalb des Indo-
germanischen erkannt. Diesem vergleichend indogermanischen
Forschungszweig gesellte sich schon bald das Forscherinteresse
an den Entsprechungen allein innerhalb der slawischen Spra-
chen hinzu. Denn: Waren erst diese fundiert und gegen alle
Zweifel gesichert, dann konnte der Gewinn für die Indogermani-
stik nur noch bedeutender sein. (Und es war dies die große
Epoche der historisch vergleichenden Methode der Sprachwis-
senschaft.)

Ein frühes Werk von der Art verfaßte Roman F. Brandt (1853-
1920) („Načertanie slavjanskoj akcentologii. S. Pbg. 1880). Bis
dahin wurde das Sprachgut zu Vergleichszwecken den akzen-
tuierten Wörterbüchern oder den praktischen Grammatiken ent-
nommen.

§ 118   Was für sich genommen und zunächst nur ein staunenswerter
Fund war, nämlich die Feststellung, daß die russischen Polnogla-
sie-Wörter mit dreifachem Akzent „reflex" aufscheinen:

-óло-, -олó-, -оло-
-óро-, -орó-, -оро-
-éре-, -ерё-, -ере- (u. ä.)

зóлото *Gold* — солóма *Stroh* — головá *Kopf*
гóрод *Stadt* — горóх *Erbse* — бородá *Bart*
бéрег *Ufer* — берёза *Birke* — бережóк (zu бéрег Demin.)

fand durch Filipp F. Fortunátov (1848–1914) seine Erklärung[1]
unter Zuhilfenahme wiederum des Litauischen. Die Umschau
innerhalb der Slavia führte aber auch zu der innerslawisch gesi-
cherten Erkenntnis, daß den Reflexen im Russischen auch im
Serbo-Kroatischen Regelmäßigkeiten entsprechen und wieder-
kehrend Vergleichbares im Tschechischen vorliegt:

Russisch	Serbo-Kroatisch	Tschechisch	Urslawisch
зóлото	zlâto	zlato	(*zǫ̃lto)
солóма	slâma	sláma	(*sólma)
головá	štok. gláva/	hlava	(*gǫ̃lvǭ)
	čak. glāvä		

Diesbezüglich hieß es schon bald: „Die Zahl der anzuführenden
Beispiele ist so groß, die Übereinstimmung so schlagend, daß an
einen Zufall nicht gedacht werden kann und auch niemand daran
gedacht hat"[2]. Und daran hat sich bis heute nichts geändert, wie
denn auch die gegebene Interpretation dieses Sachverhalts fort-
gesetzt gültig ist.

§ 119   Damit war ein Vorstoß tief in die vorschriftliche Zeit gelun-
gen. Die daraus zu rekonstruierenden drei Ausgangsformen
sahen, was ganz überraschend war, das ostslawische Russisch,

---

[1] Zur vergleichenden Betonungslehre der lituslavischen Sprachen
(*Archiv für slavische Philologie IV*). Berlin 1880, S. 575–590.
[2] August Leskien, Untersuchungen über Quantität und Betonung in
den slavischen Sprachen I. (*Abhandlungen der Königl. Sächs. Gesellschaft
der Wissenschaften XXIII*). Leipzig 1885, S. 25.

das südslawische Serbo-Kroatisch und das westslawische Tschechisch in engster 'Berührung' miteinander in vorschriftlicher Zeit; denn die regelgerechte Entwicklung eines ererbten Ausgangszustandes in jeder der drei Sprachen bezeugte es. Fortan war klar, daß die allen drei slawischen Idiomen vorausliegenden Lautkomplexe dieser Beispiele die urslawische Gestalt von *zōlto *sólma und *gōlvá gehabt haben mußten. In Worte gefaßt besagt dies: der im Inlaut stehende Liquidadiphthong -ol- (das gleiche gilt auch von den wurzelhaften Zwielauten -or-/-er- und mit einzelsprachlich sekundärer Abweichung ebenso für -el-)[3] konnte (wie andere Quantitäten, d. h. lange Vokale bzw. Diphthonge auch) in Wurzelsilben akzentuiert und nichtakzentuiert sein. (Der akzentuierte Silbenbildner ist hier durch den Punkt unter der Zeile markiert.)

Die langen Silben (Diphthonge und Monophthonge) kannten §120 eine fallende oder eine steigende Intonation (Tonbewegung bei der Artikulation des Silbenbildners). Aus der Kombination von fallend intonierter Silbe plus Akzentstelle resultiert russ. зо́лото u. ä.; aus der Kombination von steigend intonierter Silbe plus Akzentstelle resultiert russ. соло́ма u. ä. (Die zahlreichen Beispiele dieses letzteren Typs kennen in sämtlichen Ableitungen die stets unverrückbare Akzentstelle vgl. соло́ма *Stroh* — соло́менная шля́па *Strohhut* — соло́мина *Strohhalm*, соло́минка, соло́мка 1. Demin. 2. *Gebäck, Stäbchen*).

Man nennt die Kombination von fallend intoniert plus akzentuiert auch Zirkumflex (geschleift), und die Verknüpfung von steigender Intonation und Akzentstelle Akut (gestoßen). Das Tschechische (hrách, sláma, kráva u. ä.) bewahrt die Länge nur in der Position des Akuts. Das Serbo-Kroatische bewahrt die Länge in den fallend intonierten Silben, kürzt dagegen die Position des Akuts (gräh, släma, kräva, u. a.).

Es war kein besonders großer Schritt hin zu der Feststellung, §121 daß das hier Gesagte auch für die Wurzelsilben mit einfachen langen Vokalen (monophthongische Quantität) gilt:

---

[3] Vgl. auch noch Verf., Beispiele mit Liquidametathese im Anlaut (aksl. lěto-lani und jarъ-rano) (*Zeitschrift für slavische Philologie XLIII*). Heidelberg 1983, S. 1–5.

Russisch	Serbo-Kroat.	Tschechisch	
бáба	bȁba	bába	*Großmutter*
лúпа	lȉpa	lípa	*Linde*
лéто	ljȅto	léto	*Sommer, Zeit, Alter*

§ 122   Desgleichen war nunmehr auch dem Verständnis der Weg geebnet, der den Akzentwechsel im Paradigma erklärlich erscheinen ließ: NSg головá gegenüber ASg гóлову, NPl гóловы. Zunächst sind diese Gebilde zweisilbig zu bewerten, denn die urslawischen Entsprechungen (und der Vorgang reicht weit zurück) lauteten gŏlvá gegenüber *gŏlvǫ̃, *gŏlvỹ. Daraus aber folgerte man (verglichen mit dem Litauischen) rechtens: die gestoßen intonierte Silbe zieht stets die Akzentstelle auf sich[4]; und ebenso: in gleichintonierten Zweisilbern erscheint der Akzent auf der ersten Silbe[5].

§ 123   Was sich solcherart im Flexionsparadigma erweisen ließ, kannte seine Gültigkeit auch bezüglich des mit einer Präposition versehenen Kasus und sollte auch in der Wortbildung paradigmatische Geltung gehabt haben. Die auf diese Weise verbürgte Zusammengehörigkeit von Präposition und Kasus währt fort im Russischen in Beispielen wie:

[a]   úз лесу, пó снегу, пó миру, нá вечер; пóд нос[6], ó бок, úз дому, u. a. (vgl. § 41 Akzenttyp *C*); und ebenso im Akzenttyp *D*: сó смеху, úз виду, дó свету, нá ветер (vgl. § 49).

In gleicher Weise findet auch die Akzentverlegung auf die Präposition bei den Neutra (Akzenttyp *C*, vgl. § 59) ihre Erklärung: ý моря, зá морем, пó сердцу, нá небо.

---

[4] Historisch dadurch bedingt sind die maskulinen Lokative vom Typus в лесý, на глазý usw. vgl. § 40 [a–c] und ebenso die femininen vom Typus на печú, в степú usw. (vgl. § 80).

[5] Vgl. Rajko Nahtigal, *Die slavischen Sprachen. Abriß der vergleichenden Grammatik.* Aus dem Slowenischen von Joseph Schütz. Wiesbaden 1961, S. 14–28 (Die urslawischen Akzentgesetze).

[6] Für das heutige Russische ist das Auseinanderhalten von urslawischem Zirkumflex und schlicht fallend intonierter Kürze in den angeführten Beispielen irrelevant.

Sie bekunden damit eine andere, ältere Ordnung, die die Genera einst überlagerte. Vgl. auch зá уши, нá ухо (§ 62; ebenso § 28). Insbesondere sind hier auch noch die Adverbien (aus gefügten erstarrten Kasus) zu nennen: пóпусту *umsonst*, вóвремя *rechtzeitig*, дóверху *bis oben hin*, пóрознь *einzeln*, пóровну *in gleiche Teile*, дóкрасна *bis zur Rotglut*, сóслепу *aus Kurzsichtigkeit*, и́здали *von weitem*, и́здавна *von alters her*, нáдвое *in zwei Teile*, нáискось *schräg*, u. a. m.

In der Wortbildung gibt sich das Anliegen in der Verlegung der Akzentstelle auf das Präfix kund:

[b] прáдед, прáбабина *Vermögen, das noch von der Urgroßmutter stammt*, прóповедь *Predigt*, пáдчерица *Stieftochter*, óтзвук *Echo, Nachklang*, пóхороны *Begräbnis*, пóхоть *Lüsternheit*, прóмысл *Tierjagd, Fang*, при́став *Polizist, Aufseher*, при́стань *Landungsstelle*, зáвтрак *Frühstück*, зáсуха *Dürre*, u. v. a. m.

Ohne restlos überzeugende und zugleich leicht faßliche Erklärung bleibt noch immer das Phänomen, das unter der Bezeichnung „Zurückziehung des Akzents im Präsens" der Verben vom Typ ношý gegenüber нóсишь нóсит usf. (Infinitiv носи́ть *tragen*) bekannt ist. Akzentuell findet sich auch heute noch zusammen, was in alter, jedoch relativ späterer Zeit (wahrscheinlich) verschiedenartig motiviert gewesen ist (Metatonien). So stehen die Verben (vgl. § 111) zusammen: §124

[a] einstige je-/jo- Präsentien:
борóться — борю́сь gegenüber бóрешься —. бóрются
свистáть — свищý gegenüber сви́щешь — сви́щут
сказáть — скажý gegenüber скáжешь — скáжут u. a. m.

[b] einstige ne-/no- Präsentien:
тонýть — тонý gegenüber тóнешь — тóнут
взглянýть — взглянý gegenüber взгля́нешь — взгля́нут
u. a. m.

[c] eine Gruppe von i-Präsentien:
проси́ть — прошý gegenüber прóсишь — прóсят
смотрéть — смотрю́ gegenüber смóтришь — смóтрят
держáть — держý gegenüber дéржишь — дéржат u. a. m.

[d] das einzige e-/o- Präsens:
мочь — могý gegenüber мóжешь — мóгут

[e] das heteroklitische Präsens:

хоте́ть — хочу́ gegenüber хо́чешь (aber: хоти́м usw.)

Das Russische ist vor allem im Verein mit dem kroatisch-küsten-
ländischen Čakavischen[7] ein zuverlässiger Zeuge und Garant
ältester und älterer Verhältnisse. Bei der Klärung strittiger Fra-
gen ist dies stets zu beachten. Das schließt natürlich nicht aus,
daß es einzelsprachlich auch zu besonderen (eigenständigen)
Neuerungen kommen konnte und gekommen ist. Ganz sicher
gab es dereinst auch schon Schwankungen (Dubletten).

§ 125   Es steht einem beschreibenden Regelwerk nicht gut zu
Gesicht, die gewiß sehr wenigen Schwankungen oder aber die
beachtliche Verringerung der oben gekennzeichneten Verben
seit dem beginnenden 19. Jahrhundert hier zu nennen. Das
gleiche gilt auch von Wandlungen beim Femininum (Akzenttyp
B): сестра́ Pl сёстры (vgl. § 77 — früher: Pl сестры́, беды́,
вдовы́, игры́ u. a. m.)[8]. Und es zielt die Formulierung V. Kipar-
skys (vgl. § 4) weit über das Faktische hinaus mit der Behaup-
tung: „Es erwies sich, daß er [= der Akzent] sich im Laufe der
letzten hundert, ja sogar 50 Jahre gewaltig verändert hatte." Das
trifft so nicht zu: vielmehr ist die Formulierung in ihrer einseiti-
gen Gewichtung nur eines Teils der Faktizität „gewaltig".

Die Kommunikation war durch Schwankungen der aufgezeig-
ten Art niemals bedroht, und die belegten Abweichungen waren
zu ihrer Zeit gewiß Dubletten.

L. A. Bulachovskij bezeugt seine nicht wenigen Exemplare
samt und sonders aus Versen, die dadurch eindeutig sind. Er
nennt aber nicht auch Verse, die die andere, gleichzeitige und
keinesfalls immer spätere Akzentstelle verbürgen[9].

---

[7] Vgl. Rajko Nahtigal, *a.a.O.* bes. 26f. Dort auch über die Folgeer-
scheinungen durch Metatonie in anderen slawischen Sprachen sowie
über weitere davon betroffene morphologische Positionen des Russi-
schen.

[8] Einiges Material zum Wandel des Akzentes seit dem (und im)
19. Jahrhundert bei L. A. Bulachovskij, *Istoričeskij kommentarij* 1958,
267ff.

[9] Die Tatsache, daß Dubletten im Rahmen des Akzents zuweilen zu
Lasten des Russisch-Kirchenslawischen und seiner (abweichenden)
Semantik und Stilistik gehen, wird nur unzureichend beachtet.

Schwankungen waren offenbar schon im 19. Jahrhundert nur eine periphere Erscheinung in der russischen Literatursprache, um die es jedem Lernenden und jedem Lehrenden letztlich doch zu tun ist. Und nur sie allein unterliegt und fügt sich einer (empfehlenden) Normung.

GLOSSAR

(Das Verzeichnis enthält rund 3.500 Vokabeln. Es ist ein Behelf und will dem Anfänger das zielgerichtete Suchen erleichtern. Dem Fortgeschrittenen, der mit dem dargebotenen Regelwerk ein wenig vertraut ist, ermöglicht es die rasche orientierende Vergewisserung. − Die nichtmarkierten adjektivischen Formen finden sich im Anhang − siehe die §§ 98 bis 101 − wieder.)

абажу́р *D*
абрико́с *D*
а́вторство *D*
аге́нт *D*
ад *D*
а́дрес *C*
а́збука *D*
азо́т *D*
айва́ *A*
алка́ть *vC*
алма́з *D*
алфави́т *D*
а́лчный
а́лый
алыча́ *A*
альт *C*
америка́нец *D*
анана́с *D*
англича́нин *D*
арба́ *B*
арбу́з *D*
аре́ст *D*
ареста́нт *D*
арте́ль *D*
ау́л *D*
афи́нянин *D*

ба́ба *D*
бага́ж *A*
баго́р *A*
багро́вый
багря́ный
бадья́ *A*
база́р *D*
баклажа́н *D*
бал *C*
балда́ *A*
балова́ть *vD*
баловни́к *A*
балы́к *A*
банди́т *D*
банк *D*
барахло́ *A*
баржа́ *A*
барсу́к *A*
барчу́к *A*
бары́ш *A*
бас *C*
бато́г *A*
батра́к *A*
бахрома́ *A*
бахча́ *A*
башлы́к *A*
¹башма́к *A*

²башма́к *A*
ба́шня *D*
баю́кать *vD*
бег *C*
бега́ *A-C*
бе́гать *vD*
бегемо́т *D*
бегле́ц *A*
бегу́н *A*
беда́ *B*
бе́дный E_{fpl}
бедня́к *A*
бедро́ *B*
бежа́ть *vA*
бе́здна *D*
белена́ *A*
белизна́ *A*
бело́к *A*
белу́га *D*
белу́ха *D*
бе́лый E_o
бель *D*
бельё *A*
бельмо́ *B*
бенефи́с *D*
бензи́н *D*
берды́ш *A*

бе́рег *C·*
бере́т *D*
бере́чь *vA*
берёза *D*
берцо́ *B*
бес *D*
бесе́да *D*
бечева́ *A*
бе́шеный
биле́т *D*
бинт *A*
биржево́й
бирю́к *A*
бить *vB*
бич *A*
бла́го *D*
благодари́ть *vA*
благоде́тель *D*
блаже́нный
блажно́й E_o
блажь *D*
блева́ть *vA*
бледне́ть *vD*
бле́дный E_{fpl}
блесна́ *B*

блёклый
блёкнуть *vD*
близнец *A*
блин *A*
блиндаж *A*
блистать *vD*
блоха *A₁*
блудник *A*
блудница *D*
блуждать *vD*
блюдце *D*
боб *A*
бобёр *A*
бобр *A*
бобылиха *D*
бобыль *A*
бог *C₁*
богатей *D*
богатство *D*
богатый
богатырь *A*
богач *A*
бодрый *E_fpl*
боец *A*
бойкий *E_f*
бок *C*
болван *D*
боле
более
болеть *vA*
болеть *vD*
болото *D*
болт *A*
болтать *vD*
болтун *A*
боль *D*
больше
больница *D*
больной *E_o*
большевик *A*

большинство *A*
большой *E_o*
бос *C*
бормотать *vC₁*
боров *C*
борода *A₂*
бородища *D*
борозда *A₁*
борона *A₂*
бороться *vC.₁*
борт *C*
борщ *A*
борьба *A*
босой *E_f*
босяк *A*
бочар *A*
бояться *vA*
бравый
брак *D*
брань *D*
брат *D*
брать *vB.f*
бревно *B*
бред *D*
бренный
брехун *A*
брешь *D*
бригадир *D*
брить *vD*
бровь *C₁*
брод *D*
бродить *vC.₁*
броневик *A*
броня *B*
бросать *vD*
бросок *A*
брус *D*
брусника *D*
брызгать *vD*

брызнуть *vD*
брюзга *A*
брюки *B-D*
брюшко *A*
бряцать *vD*
бубенец *A*
бубны *A₁-C₁*
бугай *A*
бугор *A*
будить *vC.₁*
будни *A₁-C₁*
буер *C*
буженина *D*
буй *C*
буйный *E_f*
буква *D*
букли *B-D*
бульвар *D*
булькать *vD*
бумага *D*
бункер *C*
бунтарь *A*
бурав *A*
буржуй *D*
бурлак *A*
бурун *A*
бусы *B-D*
бутерброд *D*
буфер *C*
буфет *D*
бухнуть *vD*
бушевать *vD*
бывать *vD*
бык *A*
былина *D*
быль *D*
быстрина *B*
быстрота *A*
быстрый *E_f*
быт *D*

бытовой
бюрократ *D*
бязь *D*

вагон *D*
важнее
важный *E_fpl*
вал *C*
валить *vC.₁*
валуй *A*
вальс *D*
вальцевать *vD*
валять *vD*
варварство *D*
варежка *D*
варить *vC.₁*
варнак *A*
василёк *A*
ваять *vD*
вдова *B*
вдовец *A*
вдовство *A*
вегетарианец *D*
ведать *vD*
ведёрко *D*
ведомость *C₁*
ведро *B*
везти *vA*
вежливый
век *C*
веко *D*
вексель *C*
великий *E_o*
величина *B*
велосипед *D*
вензель *C*
венец *A*
венок *A*
венчать *vD*

вепрь D
ве́рба D
верени́ца D
веретено́ B
верёвка D
ве́рный E_{fpl}
ве́ровать vD
верста́ B
верста́к A
верста́ть vD
ве́ртел C
верфь D
верх C
верши́на D
вершо́к A
вес C
весёлый E_{fpl}
ве́ский
весло́ B
весна́ B
весовщи́к A
весть C_1
весы́ A-C
ветвь C_1
ве́тер D
ветла́ B
ве́тхий E_f
ветчина́ B
ветша́ть vD
ве́че D
ве́чер C
вече́рный
ве́чный
ве́шать vD
вещество́ A
ве́щий
вещь C_1
взгляну́ть vC_{-1}
вздо́рный
взро́слый

взять $vB._f$
вид D
ви́дный E_{fpl}
визг D
вило́к A
вина́ B
ви́нкель C
вино́ B
виногра́д D
винт A
вира́ж A
висе́ть vA
ви́снуть vD
висо́к A
вита́ть vD
вить $vB._f$
вихо́р A
вихрево́й
вихрь D
влага́лище D
владе́ть vD
вла́сти A_1-C_1
власть C_1
влия́ть vD
вника́ть vD
внук D
вня́тный
вода́ B_2
води́ть vC_{-1}
води́ца D
воева́ть vD
вожа́к A
вожделе́ть vD
вождь A
вожжа́ A_1
воз C
вози́ть vC_{-1}
возня́ A
война́ B
во́йско C

вокза́л D
вол A
волды́рь A
волк C_1
волна́ A_1
волнова́ть vD
волокно́ B
во́лос C_1
волхв A
волчи́ца D
волчо́к A
волше́бный
во́льный E_o
вони́ца D
вонь D
вопию́щий
вопль D
вопро́с D
вор C_1
воркова́ть vD
воробе́й A
ворова́ть vD
воро́на D
воро́та B-D
воротни́к A
во́рох C
воро́чать vD
ворчу́н A
восково́й
восста́ние D
восто́к D
вошь A_s
впада́ть vD
враг A
врата́ A-C
врата́рь A
врать $vB._f$
врач A
враща́ть vD
вред A

вре́дный E_{fpl}
вре́мя C
врун A
встава́ть vA
всхли́пнуть
vD
всхо́ды B-D
втыка́ть vD
вхо́жий
вы́боры B-D
вы́нуть vD
выпускни́к A
выпь D
высо́кий E_o
высота́ B
высь D
вы́чурный
вы́ше
вышина́ B
вью́га D
вьюн A
вьюно́к A
вяз D
вяза́ть vC_{-1}
вя́зкий E_f
вя́знуть vD
вя́лый
вя́нуть vD
вя́щий

гад D
газе́тчик D
газовщи́к A
гайду́к A
галда́ A
га́лка D
гама́к A
гара́ж A
гарпу́н A
гарь D

гасить vC_{-1}
гаснуть vD
гать D
гвоздь A_1
гегельянец D
герб A
геркулесы B-D
герой D
гибкий E_f
гибнуть vD
гимн D
глава B
главарь A
гладкий E_f
гладь D
глаз C
глазной
глазок B
глина D
глиста A
глодать vC_{-1}
глотать vD
глоток A
глохнуть vD
глубже
глубина B
глубокий E_o
глупец A
глупый E_f
глупыш A
глухарь A
глухой E_f
глухота A
глушь A_s
глядеть vA
глянуть vD
гнать $vD_{-1\text{-}f}$
гнедой
гнездо B

гнилой E_f
гниль D
гнильё A
гнить vB_{-f}
гнусный E_{fpl}
говеть vD
говорить vA
говорун A
год C
годный E_{fpl}
годовой
годовщина D
голавль A
голень D
голова A_2
головизна D
голодный E_{fpl}
голос C
голубь C_1
голубец A
голубизна A
голубой E_o
голый E_f
голытьба A
голыш A
голь D
гон D
гонец A
гончар A
гонять vD
гора A_2
горб A
горбун A
горбыль A
гордец A
гордый E_f
гордыня D
горе D
гореть vA
горизонт D

горло D
горловой
горн D
горностай D
город C
городки A-C
горожанин D
горох D
горсть C_1
гортань D
горче
горшок A
горький E_f
горюха D
горячий E_o
госпиталь C_1
господин C
госпожа A
гость C_1
государство D
готовый
граб D
грабёж A
грабли B-D
гражданин D
грамм D
граница D
грань D
графа A
грач A
гребец A
грести vA
греть vD
грех A
гречиха D
грешный E_f
грёза D
гриб A
грибник A

грибной
грива D
гроб C
гробовщик A
гроза B
гроздь C_1
грозный E_{fpl}
гром C_1
громкий E_f
грохотать vC_{-1}
грош A
грубый E_f
грудница D
грудь C_1
груз D
груздь A_1
грузный E_{fpl}
грузовик A
груповщина D
групповой
грустный E_{fpl}
грусть D
груша D
грыжа D
грызть vB
гряда A_1
грязевой
грязи B-D
грязища D
грязнуха D
грязный E_{fpl}
грязь D
губа A_1
гудеть vA
гул D
гульба A
гулять vD
гумно B
гурт A

гу́сеница *D*
гусля́р *A*
густе́ть *vD*
густо́й *E_{fpl}*
гусы́ня *D*
гусь *C_1*

дави́ть *vC_{-1}*
да́ле
да́лее
далёкий *E_o*
даль *D*
да́льше
дань *D*
дар *C*
дари́ть *vC_{-1}*
дармовщи́на *D*
дать *vB_{-f}*
да́ча *D*
дверь *C_1*
дви́гать *vD*
дви́нуть *vD*
двойни́к *A*
двор *A*
дворе́ц *A*
дворяни́н *D*
де́бри *B–D*
де́верь *C*
деви́ца *D*
дед *D*
дека́брь *A*
декре́т *D*
де́лать *vD*
деле́ц *A*
делёж *A*
дели́ть *vC_{-1}*
де́ло *C*
делово́й
де́льный

дельфи́н *D*
денщи́к *A*
день *A*
де́ньги *B–D*
дере́вня *C_1*
де́рево *D*
деревцо́ *A*
держа́ть *vC_{-1}*
дерза́ть *vD*
де́рзкий *E_f*
десна́ *B*
десяти́на *D*
де́ти *D_s*
деть *vD*
дешеве́е
деше́вле
дешеви́зна *D*
дёргать *vD*
дёрнуть *vD*
джаз *D*
дива́н *D*
ди́вный
дика́рь *A*
ди́кий *E_f*
дипло́м *D*
дире́ктор *C*
дичь *D*
длина́ *B*
длиннота́ *B*
добро́ *A*
доброво́лец *D*
доброта́ *A*
до́брый *E_{fpl}*
довле́ть *vD*
дождеви́к *A*
до́ждик *D*
дождь *A*
докла́д *D*
до́ктор *C*
дол *C_1*

долг *C*
до́лгий *E_f*
долгота́ *B*
должа́ть *vD*
должни́к *A*
должни́ца *D*
до́лжность *C_1*
доли́на *D*
долото́ *B*
до́ля *C_1*
дом *C*
до́мна *D*
доно́с *D*
дороговизна *D*
дорого́й *E_f*
доска́ *A_2*
доспе́хи *B–D*
досу́г *D*
дото́шный
доха́ *B*
до́хнуть *vD*
дохо́д *D*
дочь *C_1*
дразни́ть *vC_{-1}*
драть *vB_{-f}*
драчу́н *A*
дре́вний
дрель *D*
дрема́ть *vC_{-1}*
дремо́та *D*
дрему́чий
дрена́ж *D*
дро́бный
дробь *C_1*
дрова́ *A–C*
дро́вни *A_1–C_1*
дро́гнуть *vD*
дрожа́ть *vA*
дро́жжи *A_1–C_1*

дрожь *D*
дрозд *A*
дрофа́ *B*
дру́жный *E_{fpl}*
дря́блый *E_f*
дрянно́й *E_{fpl}*
дрянь *D*
дря́хлый *E_f*
дуб *C*
дуга́ *B*
дуда́ *A*
ду́ло *D*
ду́льце *D*
ду́ма *D*
ду́мать *vD*
ду́нуть *vD*
дупло́ *B*
дурно́й *E_{fpl}*
дурь *D*
дуть *vD*
дух *D*
духи́ *A–C*
духовни́к *A*
духово́й
душа́ *B_2*
души́ть *vC_{-1}*
ду́шный *E_{fpl}*
дым *C*
ды́ня *D*
дыра́ *B*
дыха́ние *D*
дыша́ть *vC_{-1}*
дьяк *A*
дьячи́ха *D*
дю́жинный

егоза́ *A*
еда́ *A*
е́дкий *E_f*
едо́к *A*

ежеви́ка D	жена́ B	жрун A	звезда́ B
езда́ A	жени́ть vC_{-1}	жужжа́ть vA	звено́ B
ездо́к A	жени́х A	жук A	зверь C_1
ель D	жерди́на D	жульё A	зверьё A
епанча́ A	жердь C_1	жура́вль A	звона́рь A
е́ресь D	жеребе́ц A	журна́л D	звони́ть vA
ерети́к A	жест A	жу́ткий E_f	зво́нкий E_f
ерунда́ A	жест D	жуть D	звоно́к A
есть vB	жесто́кий		звук D
	жесть	заблуди́ться	звуково́й
ёж A	жёлоб C	vC_{-1}	звукоулови́-
ёжик D	жёлтый E_o	забо́р D	тель D
ёрзать vD	жёлудь C_1	за́висть D	зву́чный E_{fpl}
ёрш A	жёлчный	завито́к A	звя́кать vD
	жёлчь D	заво́д D	здоро́вый E_o
жа́ба D	жёрнов C	за́втракать vD	здра́вый
жа́бра D	жёсткий E_f	зад C	зев D
жа́дный E_{fpl}	живе́е	за́дний	зева́ть vD
жа́ждать vD	живо́й E_f	зажи́м D	зелене́ть vD
жале́ть vD	живопи́сец D	за́йчик D	зеленщи́к A
жа́лкий E_f	живо́т A	зайчи́ха D	зеленя́ A-C
жа́ло D	животи́шко D	зака́з D	зелёный E_{fpl}
жанр D	жид A	зако́н D	зе́лье D
жар C	жи́дкий E_f	зал D	земли́ца D
жари́ща D	жи́же	зали́вщик D	земли́ща D
жа́ркий E_f	жизнь D	замо́к A	земля́ B_2
жать vB	жи́ла D	за́мок D	земля́к A
жбан D	жиле́ц A	заня́ть vB_{-f}	зе́ркало D
жгу́чий	жили́ца D	запа́с D	зерно́ B
ждать vB_{-f}	жи́рный E_{fpl}	запере́ть vB_{-f}	зигза́г D
жева́ть vA	жирови́к A	запечатле́ть	зима́ B_2
жезл A	житие́ A	vD	зи́мний
желва́к A	жи́то D	за́поведь D	зия́ть vD
железа́ A_1	жить vB_{-f}	запре́т D	зло A
желе́зо D	жнец A	зарни́ца D	зло́бный
желте́ть vD	жнея́ A	заря́ B	злой E_o
желтизна́ A	жни́во D	заря́ B_2	зло́стный
желто́к A	жни́ца D	затво́р D	злость D
желту́ха D	жрать vB_{-f}	зая́длый	змееви́к A
жёмчуг C	жрец A	звать vB_{-f}	змей D

змея́ B	игру́н A	кабак A	карту́з A
знак D	идеа́л D	кабан A	ката́ть vD
знако́мый	идти́ vA	каблук A	кати́ть vC₋₁
знамени́тый	изба́ B	каварда́к A	ка́тер C
зна́мя D	изба́ч A	кадрови́к A	като́к A
зна́тный E_{fpl}	и́звесть D	ка́дры B-D	ка́торга D
знато́к A	изво́зчик D	кады́к A	кау́рый
знать D	измени́ть vC₋₁	каза́к B	кача́ть vD
зно́йный	изобрета́тель	казна́ A	каче́ли B-D
зоб C	D	казнь D	кашта́н D
зов D	изразе́ц A	кайло́ B	ква́кать vD
зола́ B	изумру́д D	кайма́ A	кварта́л D
золотни́к A	изя́щный	каланча́ A	квас C
зо́лото D	ика́ть vD	кала́ A	квасцы́ A–C
золоту́ха D	икра́ B	календа́рь	кваше́нина D
зонт A	имби́рь A	A	квашня́ A
зо́ркий E_f	имени́ны B-D	кали́бр D	кива́ть vD
зрачо́к A	именова́ть vD	кали́на D	ки́вер C
зреть vD	име́ть vD	каля́кать vD	кида́ть vD
зря́чий	и́мя C	калмы́к A	кизя́к A
зуб C₁	инвента́рь A	ка́мень C₁	кий A
зубе́ц A	ингу́ш A	камы́ш A	кинжа́л D
зубо́к B	индю́к A	кана́л D	ки́нуть vD
зубр D	инициа́лы	кана́т D	кипе́ть vA
зубри́ть vC₋₁	B-D	кандалы́ A–C	кипято́к A
зуда́ A	инспе́ктор C	кани́кулы	кирпи́ч A
зы́бкий E_f	инстру́ктор C	B-D	кисе́ль A
зыбь C₁	иска́ть vC₋₁	капе́ль D	кисея́ A
зя́бкий E_f	и́скра D	каплу́н A	кислота́ B
зя́бнуть vD	и́скренний	ка́пля D	ки́слый E_f
зябь D	испу́г D	капу́ста D	кисть C₁
зять C	иссле́довать	каранда́ш A	кит A
	vD	кара́сь A	ки́тель C
и́ва D	исте́ц A	кара́ть vD	кишка́ A
игла́ B	истопни́к A	карга́ A	кишми́ш A
и́го D	исто́шный	ка́рий	кла́виша D
игра́ B	и́стый	карма́н D	клад D
игра́ть vD	италья́нец D	карта́вый	кладовщи́к A
игрово́й	иша́к A	карти́на D	кладь D
игро́к A		карто́н D	класс D

класть vB	кобзарь A	коляда́ A	коро́ль A
клéвер C	кобура́ A	кон C	коромы́сло D
клеветáть vC_1	кобыли́ца D	комáр A	коросте́ль A
клеветни́к A	ковáть vA	комáрик D	коро́ткий E_{fpl}
клеветни́ца D	ковéркать vD	кóмкать vD	коро́че
клеевóй	ковёр A	коммуни́ст D	кóрпус C
клей D	кóврик D	кóмната D	корре́ктор C
клеймó B	ковш A	комóд D	корчевáть vD
клепáть vD	ковы́ль A	комсомóлец D	корчмá A
клеть C_1	кóготь C_1	конвéрт D	коры́сть D
клешня́ A	кожу́х A	конду́ктор C	коры́то D
клещ A	козá B	конéц A	корь D
клéщи A_1-C_1	козёл A	конопля́ A	косá B
клён D	кóзлик D	консéрвы B-D	косá B_2
клик D	кóзлы B-D	конурá A	косáрь A
кли́кать vD	козырёк A	кончáть vD	кóсвенный
кли́кнуть vD	кóзырь C_1	кóнчик D	коси́ть vC_1
клин D	кол A	кончи́на D	коси́ца D
клинóк A	кол B	конь A_1	космá B
кличь D	колбасá B	конья́к A	коснéть vD
клобу́к A	колдовáть vD	копáть vD	косóй E_f
клок A	колду́н A	копи́ть vC_1	костенéть vD
клок B	колебáть vC	копнá A_1	костёр A
клони́ть vC_1	¹колéно D	коптéть vA	кострéц A
клоп A	²колéно D	копы́то D	костЫль A
клуб D	колесó B	копьё B	кость C_1
клубóк A	колея́ A	корá A	костю́м D
клык A	кóлкий E_f	корáбль A	костя́к A
клюв D	кóлокол C	кореннóй	косьбá A
клюкá A	колонóк A	кóрень C_1	кот A
клю́ква D	кóлос D	корж A	котёл A
клю́нуть vD	колосни́к A	корзи́на D	коты́ A-C
ключ A	ком D	кори́ца D	кочáн A
кляп D	колоти́ть vC_1	корм C	кочевáть vD
кни́га D	колóть vC_1	кормá A	коченéть vD
кнут A	колпáк A	корми́лец D	кочергá A
княжнá A	колту́н A	корми́ть vC_1	кош D
князь C	колыбéль D	кóроб C	кошéль A
кобéль A	колыхáть vC	коробóк A	кошмá A_1
кобзá A	кольцó B		кошмáр D

краб *D*	крóтче	купи́ть *vC*$_{-1}$	латы́ш *A*
край *C*	круг *C*	кýпол *C*	лáять *vD*
крамóла *D*	крýглый *E*$_{fpl}$	купчи́ха *D*	лгать *vB*$_{-f}$
кран *D*	кругля́ш *A*	курагá *A*	лгун *A*
крапи́ва *D*	кругля́к *A*	кури́ть *vC*$_{-1}$	лéбедь *C*$_1$
красáвец *D*	крýжево *C*	курсовóй	лев *A*
краси́вее	кружевцó *A*	кусáть *vD*	левизнá *A*
краси́вый	крупá *B*	кусóк *A*	леденéц *A*
краснéть *vD*	крупи́ца *D*	куст *A*	ледни́к *A*
краснýха *D*	крýпный *E*$_f$	кустáрь *A*	лежáть *vA*
красотá *B*	крутизнá *A*	кýтать *vD*	лéкарь *C*$_1$
красть *vB*	крути́ть *vC*$_{-1}$	кутёж *A*	лемéх *A*
крáткий *E*$_f$	крутóй *E*$_{fpl}$	кути́ть *vC*$_1$	лентя́й *D*
крахмáл *D*	крылó *B*	кутья́ *A*	ленцá *A*
креди́т *D*	крыльцó *A*$_1$	кýчер *C*	лень *D*
крéйсер *C*	крыть *vD*	кушáк *A*	лепестóк *A*
крем *D*	крюк *A*		лепетáть *vC*$_{-1}$
кремéнь *A*	крюк *B*	лабири́нт *D*	лепи́ть *vC*$_{-1}$
кремль *A*	кряж *D*	лáгерь *C*	лес
крéндель *C*$_1$	кувши́н *D*	лад *C*	лесá *B*
крéпнуть *vD*	кувши́нчик *D*	лáдный *E*$_f$	лесá *A–C*
крéпость *C*$_1$	кудáхтать *vD*	ладóнь *D*	лесни́к *A*
крепь *C*$_1$	кýдри *A*$_1$–*C*$_1$	ладья́ *A*	лéстный
крéсло *D*	кузнéц *A*	лаз *D*	лесть *D*
крест *A*	кýзов *C*	лазýрь *D*	летáть *vD*
крестéц *A*	кýкла *D*	лак *D*	летéть *vA*
крести́ть *vC*$_{-1}$	куковáть *vD*	лакáть *vD*	лéто *C*
кривизнá *A*	кукурýза *D*	лакéй *D*	лéтопись *D*
крик *D*	кулáк *A*	лáкомый	летýн *A*
кри́кнуть	кулебя́ка *D*	лань *D*	лечи́ть *vC*$_{-1}$
крикýн *A*	кулéш *A*	лáпоть *C*$_1$	лечь *vC*
кричáть *vA*	кули́к *A*	лапшá *A*	лещ *A*
кровáть *D*	кули́ч *A*	ларéц *A*	лёгкий *E*$_{sg}$
крови́ща *D*	куль *A*	ларь *A*	лёд *A*
кровь *C*$_1$	кульгá *A*	лáска *D*	лён *A*
крой *D*	кум *C*	ласкáть *vD*	лжец *A*
крольчи́ха *D*	кумá *A*	лáсточка *D*	лжи́вый
кромсáть *vD*	кумáч *A*	латáть *vD*	лизáть *vC*$_{-1}$
крот *A*	кунáк *A*	лати́нянин *D*	лик *D*
крóткий *E*$_f$	купáть *vD*	латýнь *D*	ликовáть *vD*

лило́вый
лимо́н *D*
линь *A*
ли́па *D*
ли́пнуть *vD*
лиса́ *B*
лист *B*
лист *A*
листа́ж *A*
литр *D*
лить *vB.f*
лифт *D*
ли́хо *D*
лихо́й *Efpl*
лицо́ *B*
ли́чико *D*
лиша́й *A*
лиша́ть *vD*
ли́шний
лоб *A*
лобза́ть *vD*
лобо́к *A*
лов *D*
ловец *A*
лови́ть *vC.1*
ло́вкий *Ef*
лог *C*
ло́же *D*
ло́жка *D*
ло́жный
ложь *As*
лоза́ *B*
ло́коть *C1*
лом *C1*
лома́ть *vD*
ломи́ть *vC.1*
ломо́ть *A*
ло́но *D*
ло́пасть *C1*
ло́пать *vD*

ло́пнуть *vD*
лопота́ть *vC.1*
лопу́х *A*
лоску́т *B*
лососи́на *D*
лось *C1*
лото́к *A*
ло́шадь *C1*
лощи́на *D*
луб *D*
луг *C*
лук *D*
луна́ *B*
лунь *A*
лупи́ть *vC.1*
луч *A*
лучи́на *D*
лы́жа *D*
лысе́ть *vD*
лысу́ха *D*
лы́сый *Ef*
льви́ца *D*
льго́та *D*
льди́на *D*
льстец *A*
льсти́вый
любе́зный
люби́ть *vC.1*
любо́вь *As*
лю́ди *Ds*
лю́дный
лю́тый *Ef*
ля́згать *vD*
ля́пать *vD*
ля́пнуть *vD*

магази́н *D*
магази́нщик
    D
магари́ч *A*

мазня́ *A*
мазь *D*
мак *D*
макаро́ны
    B-D
мака́ть *vD*
малёк *A*
мали́на *D*
ма́лый *Eo*
малы́ш *A*
маля́р *A*
мане́ж *D*
мара́ть *vD*
маркси́зм *D*
ма́сло *C*
ма́стер *C*
масть *C1*
матери́к *A*
матерщи́на *D*
матёрый
матра́с *D*
мать *C1*
маха́ть *vD*
махови́к *A*
ма́чта *D*
медальо́н *D*
медве́дь *D*
ме́дленнее
ме́дленный
медня́к *A*
медь *D*
межа́ *A1*
мел *D*
ме́лкий *Ef*
ме́лочь *C1*
мель *D*
мелька́ть *vD*
ме́не
ме́нее
меновщи́к *A*

ме́ньше
меньшеви́к *A*
меньшинство́
    B
меня́ть *vD*
ме́рзкий *Ef*
мерзлота́ *B*
ме́рный
мертве́ц *A*
мертвечи́на *D*
меси́ть *vC.1*
мести́ *vA*
ме́сто *C*
месть *D*
мета́лл *D*
мета́ть *vC.1*
мете́ль *D*
метео́р *D*
ме́ткий *Ef*
метла́ *B*
метр *D*
мех *C*
меховщи́к *A*
меч *A*
мечта́ *A*
мечта́тель *D*
меша́ть *vD*
ме́шкать *vD*
мешо́к *A*
мёд *C*
мёрзнуть *vD*
мёртвый *Esg*
мига́ть *vD*
миллио́н *D*
ми́ловать *vD*
милова́ть *vD*
ми́лый *Efpl*
минда́ль *A*
минера́л *D*
минова́ть *vD*

мину́ть vC_{-1}
ми́рный
мише́нь D
мишура́ A
млеть vD
могу́чий
мо́дный E_f
мозг C
мозги́ $A-C$
мозо́ль D
мо́кнуть vD
мокрота́ A
мо́крый E_{fpl}
мол D
моли́ть vC_{-1}
моли́ться vC_{-1}
молоде́ть vD
молоде́ц A
молодёжь D
молодо́й E_f
молоду́ха D
моло́же
молоко́ A
молоти́ть vC_{-1}
молото́к A
моло́ть vC_{-1}
молотьба́ A
молча́ть vA
молчу́н A
моль D
мольба́ A
монасты́рь A
морга́ть vD
мо́ре C
морж A
морко́вь D
моро́з D
морщи́на D
моря́к A
мосо́л A

^{1}мост A
^{2}мост C
мостки́ $A-C$
мостови́к A
мостово́й
мот D
мота́ть vD
мото́к A
мото́р D
мотылёк A
моты́ль A
мох A
мохово́й
мочи́ть vC_{-1}
мочь vC_{-1}
мошна́ A
мо́щный E_f
мощь D
мра́чный E_{fpl}
мудре́ц A
му́дрый E_{fpl}
муж C
мужа́ть vD
музе́й D
мука́ A
му́ка D
мундшту́к A
муравей A
мурова́ть vD
муть D
мучно́й
муштра́ A
муштрова́ть vD
мы́ло C
мыс D
мысли́тель D
мысль D
мыть vD
мытьё A

мышь C_1
мышья́к A
мя́гкий E_f
мясни́к A
мясно́й
мя́со D
мяте́ж A
мять vB
мяч A

набе́г D
набро́сок D
нагле́ц A
на́глый E_f
наго́й E_f
нагоня́й D
нагота́ A
нажда́к A
напи́ток D
наро́д D
насу́щный
натоpе́ть vD
наха́л D
нача́ло D
нача́ть $vB_{.f}$
нашаты́рь A
не́бо C
не́вод C
нево́ля D
негодова́ть vD
негодя́й D
негр D
неде́ля D
не́дра $B-D$
неду́г D
не́жный E_{fpl}
неизме́нный
неиму́щий
неле́пый

немо́й E_f
нерв D
не́рвный E_f
нести́ vA
неуклю́жий
нефть D
не́бо D
ни́ва D
низа́ть vC_{-1}
низи́на D
ни́зкий E_{fpl}
ни́кнуть vD
нить D
новичо́к A
нища́ть vD
ни́щий
нова́торство D
новичо́к A
но́вость C_1
но́вый E_{fpl}
новь D
нога́ A_2
ноготки́ $A-C$
ногото́к A
но́готь C_1
ноздря́ A_1
нож A
ножево́й
ножи́ща D
но́жницы $B-D$
ножны́ $A-C$
ноль A
но́мер C
нора́ B
нос C
носи́лки $B-D$
носи́ть vC_{-1}
носо́к A
ночева́ть vD

²ночни́к A	о́бщий E_f	оса́ B	оча́г A
¹ночни́к A	обяза́ть $vC._1$	осёл A	о́чередь C_1
ночь C_1	овёс A	о́сень D	очки́ A–C
ноя́брь A	о́вод C	осетри́на D	очко́ A
нрав D	о́вощ C_1	осётр A	очковтира́тель
нужда́ B	овра́г D	ослица D	D
ну́жный E_{fpl}	овца́ B	основа́ть vD	ошиби́ться vB
нулево́й	овча́р A	осо́ба D	ошмётки B–D
нутро́ A	овчи́на D	особня́к A	
ныря́ть vD	ого́нь A	осо́бый	павильо́н D
ныть vD	огуре́ц A	осо́ка D	павли́н D
нюхать vD	огу́рчик D	о́спа D	па́губнее
ня́ня D	одеколо́н D	оста́нки B–D	па́губный
	одоле́ть vD	осточерте́ть	па́дать vD
обвини́тель D	озерко́ A	vD	падёж A
обе́д D	о́зеро D	острие́ A	падёж A
обе́дать vD	озерцо́ B	о́стров C	па́дкий
обели́ск D	озорни́к A	острога́ A	па́дчерица D
обеща́ние D	окно́ B	о́стрый E_o	паёк A
оби́тель D	о́ко C_1	ось C_1	паж A
о́блако C	о́корок C	осьми́на D	паз C
о́бласть C_1	о́круг C	отва́га D	пала́ч A
обма́н D	октя́брь A	отве́т D	пала́ш A
обману́ть $vC._1$	о́кунь C_1	оте́ц A	па́левый
обма́нщик D	оле́нь D	открове́нный	па́луба D
обмени́ть $vC._1$	о́лово D	откры́тие D	пальба́ A
обня́ть $vD._1f$	ольха́ B	о́ткуп C	па́мять D
обо́и B–D	о́муль C_1	отли́чный	па́па D
оборва́нец D	о́мут D	оторопе́ть vD	пар C
о́браз C	опеку́н A	о́тпуск C	па́ра D
образова́ть vD	опи́лки B–D	о́трасль D	пара́д D
о́бруч C_1	оплеу́ха D	о́труб C	парали́ч A
обры́в D	орга́н D	о́труби A_1–C_1	паранджа́ A
обря́д D	орда́ B	отря́д D	па́рень C_1
обувно́й	о́рден C	отчёт D	парижа́нин D
обувщи́к A	о́рдер C	отчи́зна D	парк D
о́бувь D	оре́х D	о́хать vD	парке́т D
обу́ть vD	орёл A	о́хнуть vD	парни́к A
обу́х A	орли́ца D	охо́та D	парови́к A
обшла́г A	ору́н A	охра́на D	па́рус C

парусина D
парша A
пасовать vD
паспорт C
пастила B
пастух A
пасть D
пасть vB
пасха D
паук A
паутина D
пах D
пахать vC_{-1}
пахнуть vD
пачкун A
паштет D
паять vD
певец A
певица D
певун A
пегий
пейзаж D
пекарь C
пекло D
пелена A
пемза D
пенять vD
перевыборы $B\text{-}D$
передний
перепелица D
перепел C
пересуды $B\text{-}D$
перила $B\text{-}D$
перловый
пермяк A
перо B
перст A
перхоть D
песец A

пескарь A
песня D
песок A
пест A
пестрина A
петь vB
петух A
пехота D
печь C_1
печаль D
печатать vD
печать D
печень D
печник A
печь vA
пеший
пёрышко D
пёс A
пёстрый E_o
печатать vD
пиала A
пивной
пиво D
пиджак A
пики $B\text{-}D$
пикник A
пикнуть vD
пила B
пилить vC_{-1}
пим C
пир C
пирог A
писарь C
писатель D
писать vC_{-1}
писец A
пискнуть vD
пискун A
письмена $A\text{-}C$
письмо B

питать vD
питьё A
пить vB_{-f}
пихать vD
пичкать vD
пищевой
плавать vD
плавкий
пламенеть vD
план D
плановик A
пласт A
пластина D
платёж A
платить vC_{-1}
платок A
платье D
платьишко D
плач D
плащ A
плева A
плевать vA
плевок A
плесень D
племя C
плен D
плескать vC_{-1}
плетень A
плетуха D
плеть C_1
плечико D
плечо A_1
плешина D
плешь D
плита B
пловец A
пловчиха D
плод A
плоский E_f

плоскогубцы $B\text{-}D$
плоскость C_1
плот A
плотина D
плотный E_{fpl}
плотовщик A
плоть D
плохой E_f
площадь C_1
плут A
плутать vD
плыть vB_{-f}
плющ A
плясать vC_{-1}
поводок A
поворотить vC_{-1}
победа D
побои $B\text{-}D$
повар C
повариха D
повесть C_1
повод C
поводок A
поглотить vC_{-1}
погода D
погожий
поголовье D
погорелец D
погреб C
погребец A
погром D
погромщик D
под D
подать C_1
подвал D
поддавки $A\text{-}C$
поджарый

подлец *A*
подлый *E_f*
поднос *D*
поднять *vD_{-1-f}*
подъём *D*
поезд *C*
пожар *D*
пожитки *B-D*
позвонок *A*
поздний
позолота *D*
позор *D*
позыв *D*
поймать *vD*
постовой
пойло *D*
покинуть *vD*
поклон *D*
поклониться
   vC._1
покров *D*
пол *C*
пол *C_1*
пола *B*
поле *C*
полено *D*
ползать *vD*
ползунок *A*
поливной
полк *A*
полковой
полнеть *vD*
полный *E_o*
положить *vC._1*
полоз *D*
полоса *A_2*
полосовать
   vD
полость *A_1*
полотенце *D*

полотно *B*
полоть *vC._1*
получить *vC._1*
полынь *D*
полынья *A*
помёт *D*
поминки *B-D*
помочи *A_1 C_1*
помои *B-D*
помочь *vC._1*
помощь *D*
помянуть *vC._1*
пономарь *A*
понурый
понять *vB._f*
поп *A*
поплавок *A*
пора *A_2*
порог *D*
порок *D*
порошина *D*
порошок *A*
портвейн *D*
портниха *D*
портрет *D*
поручить *vC._1*
посев *D*
посетить *vA*
посол *A*
¹пост *A*
²пост *A*
поставщик *A*
постановить
   vC._1
постовой
постный *E_f*
поступить
   vC._1
пот *C*
потный *E_f*

поташ *A*
поток *D*
потолок *A*
потоп *D*
похожее
похожий
похороны
   A_1-C_1
почва *D*
почёт *D*
почта *D*
пошлый
пошляк *A*
поэт *D*
пояс *C*
правило *D*
право *C*
правый *E_f*
праздный
праматерь *D*
праща *A*
предел *D*
предмет *D*
предсказа-
   тель *D*
прель *D*
прения *B-D*
пресный *E_f*
преть *vD*
прибыль *D*
пригласить
   vA
приз *C*
призывник *A*
приличный
пример *D*
примус *C*
природа *D*
пристав *C*
пристанище *D*

пристань *C_1*
прихоть *D*
причина *D*
прищ *A*
приют *D*
приятный
провод *C*
проводник *A*
проводы *B-D*
прогресс *D*
продавец *A*
продукт *D*
прозвище *D*
прозрачный
происки *B-D*
проклясть *vB._f*
промысел *C*
пропасть *C_1*
пропуск *C*
пропускник *A*
пророк *D*
прорубь *D*
просвира *B*
просить *vC._1*
просо *D*
простак *A*
простота *A*
простой *E_{fpl}*
простыня *A_1*
профессор *C*
прочный *E_{fpl}*
проще
пруд *C*
пружина *D*
пруссак *A*
прут *A*
прут *B*
прыгать *vD*
прыгнуть *vD*
прыскать *vD*

пры́снуть vD
пры́ткий E_f
прыть D
прыщ A
прядь D
прямо́й E_f
пря́нуть vD
пря́ный
прясть vB_{-f}
псало́м A
псалты́рь A
пте́нчик D
пти́ца D
пуга́ть vD
пу́говица D
пуд C
пу́дель C
пу́зо D
пузы́рь A
пук C
пульс D
пу́ля D
пункт D
пунцо́вый
пуп A
пупо́к A
пусти́ть vC_{-1}
пусто́й E_{fpl}
пу́стошь D
пусты́ня D
пусты́рь A
пустя́к A
пу́тать vD
пух D
пу́хлый E_f
пу́хнуть vD
пухови́к A
пучи́на D
пушни́на D
пушно́й
пчела́ B
пшени́ца D
пшено́ A
пыл D
пыла́ть vD
пыль D
пы́льный E_f
пыта́ть vD
пы́шный E_{fpl}
пье́са D
пья́ный E_{fpl}
пядь C_1
пята́ A_1
пята́к A
пя́тница D
пятно́ B
пя́тнышко D

раб A
раба́ A
рабо́та D
рабо́тать vD
рабы́ня D
равни́на D
ра́вный E_o
ра́доваться vD
ра́дуга D
раз C
разви́тие D
развле́чь vA
разво́ды $B–D$
развра́т D
разгу́л D
разме́р D
разня́ть vD_{-1-f}
разуме́ть vD
разу́ть vD
рай D
райо́н D
рак D
ра́ковина D
ра́на D
ра́нний
раско́л D
распу́тье D
распя́ть vB
расска́зик D
расстре́л D
раствори́ть C_{-1}
расти́ vA
расторо́пный
рать D
рвань D
рвать vB_{-f}
рвач A
рдеть vD
реакционе́р D
ребро́ B
ревнова́ть vD
революционе́р D
реву́н A
реда́ктор C
ре́дкий E_f
режи́м D
[1]реза́к A
[2]реза́к A
ре́звый E_f
резе́рв D
резе́ц A
ре́зкий E_f
резно́й
резьба́ A
река́ A_1
реко́рд D
реме́нь A
ремесло́ B
ремо́нт D
репе́й A
репортёр D
ресни́ца D
рети́вый
реце́пт D
речно́й
речь C_1
решето́ B
ржаве́ть vD
ри́млянин D
ри́нуть vD
рисова́ть vD
ритм D
рифма́ч A
робе́ть vD
ро́бкий E_f
ров A
ровня́ть vD
род C
родно́й E_o
родня́ A
ро́ды $B–D$
рождество́ A
рожо́к B
рожде́ние D
рожь A_s
ро́зга D
рознь D
роково́й
роль C_1
роня́ть vD
роса́ B
ро́ссыпь D
ростовщи́к A
росто́к A
рот A
ротово́й
ро́ща D
ртуть D
рубёж A
рубе́ц A

рубúть vC_{-1}
рублúшко D
рубль A
ругáть vD
рудá B
ружьё B
рукá A_2
рукáв A
рукавúца D
рукоять D
рулевóй
руль A
румяна B-D
румяный
рунó B
рýсло D
рýсый
рýхлядь D
рýхнуть vD
ручéй A
рыба D
рыбáк A
рык D
рычáг A
рыдáть vD
рыжий E_f
рыжинá A
рыжýха D
рык
рыло D
рыскать vD
рысцá A
рысь D
рыть vD
рыхлый E_f
рьяный
рюкзáк A
рюмка D
рябúна D
рябóй E_f

рябь D
ряд C

саботáж D
сад C
сáдик D
садúть vC_{-1}
сáжа D
сажáть vD
сáжень C_1
сáло D
сан D
самéц A
самозвáнец D
сáни A_1-C_1
сáнки B-D
сапóг A
сапожóк B
сарáй D
сближéние D
сбóры B-D
сват D
свéдущий
свéжий E_{sg}
свербéть vA
сверкáть vD
сверлó B
сверчóк A
свет D
светúть vC_{-1}
светлéть vD
свéтлый E_f
свечá A_1
свёкла D
свидéтель D
свинéц A
свинúна D
свинóй
свинýха D
свинья B

свирéль D
свирепéть vD
свирéпый
свист D
свистáть vC_{-1}
свистéть vA
свúстнуть vD
свистóк A
свистýн A
свобóда D
сволочь C_1
связный
связь D
святóй E_f
святыня D
сдóбный E_f
сгúнуть vD
севрюга D
седáлище D
седéть vD
сединá B
седлó B
седóй E_f
седóк A
секрéт D
секретáрь A
сéктор C
селезёнка D
селёдка D
селó B
сельдь C_1
семья B
сéмя C
сенáт D
сéни A_1-C_1
сéно D
сентябрь A
сень D
сéра D
сердúтый

сердúть vC_{-1}
сéрдце C
сердчúшко D
серебрó A
середúна D
середняк A
серп A
сéрый E_f
серьгá A_1
сестрá B
сестрúца D
сесть vD
сéттер C
сеть C_1
сечь vB
сёмга D
сибиряк A
сивýха D
сиг A
сигнáл D
сидéть vA
сúзый E_f
сúла D
силáч A
сúльный E_{fpl}
синéть vD
сúний E_f
синь D
синюха D
синяк A
сúплый
сúпнуть vD
сиротá B
сúто D
сиять vD
сказáть vC_{-1}
скáзка D
скакáть vC_{-1}
скакýн A
скакýха D

скала́ B	скуча́ть vD	сма́чный E_f	солёный E_{fpl}
скамья́ A_1	скучи́цца D	сме́жный	со́лнце D
скандина́вец	сла́бый E_{fpl}	сме́лый E_{fpl}	со́лнышко D
D	сла́ва D	сме́ртный	соловей A
ска́редный	сла́вный E_f	смерть C_1	соло́вый
ска́терть C_1	славяни́н D	смесь D	соло́ма D
скачо́к A	сла́дкий E_f	сметь vD	соль C_1
сква́жина D	сласть C_1	смех D	сом A
скве́рный E_f	слать vB	смешне́е	соми́на D
скворе́ц A	сла́ще	смешно́й E_o	сон A
скеле́т D	слега́ A_1	сми́рный E_f	со́нный
скирд A	след C	смола́ B	сопло́ B
скирда́ A_1	слеза́ A_1	сморчо́к A	сопроводи́-
скит A	слеза́ть vD	смотр C	тель D
скла́дный E_f	слези́ца D	смотре́ть vC_{-1}	сорване́ц A
скло́чный	слепе́нь A	смра́дный	соревно-
скоба́ A_1	слепе́ц A	сму́глый E_{fpl}	ва́ться vD
сковорода́ A_2	сле́пнуть vD	сму́тный E_f	соро́ка D
ско́льзкий E_f	слепо́й E_f	снасть C_1	сорт C
скопе́ц A	сле́сарь C	снег C	соса́ние D
ско́рбный	сли́ва D	снеги́рь A	сосна́ B
скорбь C_1	сли́вки B-D	снежи́на D	сосо́к A
скорлупа́ B	сли́пнуть vD	сне́жный	сосу́н A
скорня́к A	слобода́ A_1	снето́к A	со́ты B-D
скоростни́к A	слова́рь A	сноп A	соха́ B
ско́рость C_1	слове́чко D	сноха́ B	со́хнуть vD
ско́рый E_f	сло́во C	снять	со́чный E_{fpl}
скот A	слог C_1	соба́ка D	сою́з D
скоти́на D	сложи́ть vC_{-1}	со́боль C	спа́льня D
скребо́к A	сло́жный E_{fpl}	со́боль C_1	спасти́ vA
скрежета́ть	слой C	собо́р D	спать vB_{-f}
vC_{-1}	слон A	со́бственный	спе́лый E_f
скрипа́ч A	слуга́ B	сова́ B	спесь D
скри́пнуть vD	служи́ть vC_{-1}	сова́ть vA	спеть vD
скуде́ть vD	слу́шать vD	сове́товать vD	спе́шный
ску́дный E_{fpl}	слыть vB_{-f}	совоку́пный	спина́ B_2
скула́ B	слы́шный E_{fpl}	сок D	спирт C
скупе́ц A	слюда́ B	соколи́ца D	спиртно́й
скупо́й E_{fpl}	слю́ни A_1-C_1	солда́т D	спи́сок D
скуфья́ A	сля́коть D	солдатня́ A	спи́ца D

спор *D*
спóрный
спóрый *E_f*
спортúвный
спосóбный
спрáшивать *vD*
срамнúца *D*
срамнóй
срамотá *A*
седá *A₂*
средá *B*
срéдний
срóчный
стáдо *C*
стакáн *D*
стакáнчик *D*
сталь *D*
стальнóй
станúца *D*
становúться *vC.₁*
старéть *vD*
старúк *A*
старýха *D*
старшинá *B*
старшинствó *A*
стáрый *E_o*
старьё *A*
стáтный *E_f*
стать *C₁*
статья́ *A*
ствол *A*
стéбель *C₁*
стегáть *vD*
стегнó *B*
стежóк *A*
стеклó *B*
стенá *A₂*

стенáть *vD*
стéпень *C₁*
степь *C₁*
стерéчь *vA*
стéрлядь *C₁*
стирáть *vD*
стих *A*
стихотвóрец *D*
стлать *vD.₋₁.f*
стог *C*
стóйкий *E_f*
стóйло *D*
стол *A*
столб *A*
столбéц
стóлик *D*
стóлица *D*
столп *A*
столя́р *A*
стон *D*
стопá *A*
стопá *B*
стóрож *C*
сторожúха *D*
сторонá *A₂*
стоя́ть *vA*
страдá *B*
страдáлец *D*
страдáть *vD*
страж *D*
странá *B*
стрáнный *E_f*
стрáстный *E_f*
страсть *C₁*
страх *D*
страховáть *vD*
стрáшный *E_fpl*
стрекозá *B*

стрекотáть *vC.₋₁*
стрелá *B*
стрелéц *A*
стрельчúха *D*
стреля́ть *vD*
стремнúна *D*
стрéмя *C*
стрéпет *C*
стриж *A*
стричь *vB*
строгáть *vD*
стрóгий *E_f*
строй *C*
стрóйный *E_fpl*
строкá *A₁*
строфá *A₁*
стругáть *vD*
струнá *B*
струп *D*
стручóк *A*
струя́ *B*
стря́пать *vD*
стряпня́ *A*
стук *D*
стýкнуть *vD*
стул *D*
ступéнь *C₁*
ступня́ *A*
стучáть *vA*
стыд *A*
сты́нуть *vD*
стыть *vD*
стяжáть *vD*
суббóта *D*
суд *A*
судúть *vC.₁*
сýдно *C*
сýдно *D*

судóк *A*
судьбá *B*
судья́ *B*
сук *A*
сук *B*
сукнó *B*
сумá *A*
сýмерки *B-D*
сундýк *A*
сýнуть *vD*
супрýг *D*
сурóвый
сурóк *A*
суть *D*
сýтки *B-D*
сутýлый
сухáрь *A*
суховéй *D*
сухóй *E_f*
сушúть *vC.₁*
существó *A*
существовáть *vD*
счёт *C*
счёты *B-D*
сын *C*
сы́плый *E_f*
сыпь *D*
сырéц
сырóй *E_f*
сырьевóй
сы́тный *E_f*
сы́тый *E_f*
сыч *A*
сюрпрúз *D*
сюртýк *A*
табáк *A*
табýн *A*
таврó *A₁*

таз *C*
тайга́ *A*
тайни́к *A*
тала́нт *D*
тало́н *D*
танк *D*
таранта́ *A*
тари́ф *D*
таска́ть *vD*
тасова́ть *vD*
тафта́ *A*
тахта́ *A*
тача́ть *vD*
тащи́ть *vC.₁*
тварь *D*
твёрдый *E_f*
творе́ц *A*
творо́г *A*
теа́тр *D*
текст *D*
те́ло *C*
темне́ть *vD*
темни́ца *D*
темп *D*
тенёта *B-D*
те́нор *C*
тень *C₁*
тепло́ *A*
тере́ть *vB*
терза́ть *vD*
терпе́ть *vC.₁*
терро́р *D*
теря́ть *vD*
теса́ть *vC.₁*
те́сный *E_{fpl}*
те́сто *D*
тесть *D*
те́терев *C*
тетива́ *A*
тетра́дь *D*

течь *vA*
тёмный *E_{sg}*
тёплый *E_{sg}*
тигр *D*
ти́кать *vD*
тип *D*
тира́ж *A*
тира́н *D*
тис *D*
ти́скать *vD*
тиски́ *A-C*
ти́снуть *vD*
ти́хий *E_f*
тишина́ *A*
тишь *D*
ткань *D*
ткать *vB._f*
ткач *A*
ткачи́ха *D*
тле́нный
тлеть *vD*
това́р *D*
ток *C*
ток *D*
то́карь *C*
толка́ть *vD*
то́лки *B-D*
толкова́ть *vD*
толма́ч *A*
толокно́ *A*
толо́чь *vA*
толпи́ща *D*
толсте́ть *vD*
толсту́ха *D*
то́лстый *E_{fpl}*
толстя́к *A*
толчо́к *A*
толщина́ *A*
том *C*
то́мик *D*

то́мный *E_f*
тон *C*
тон *C₁*
то́нкий *E_f*
тону́ть *vC.₁*
то́пать *vD*
топи́ть *vC.₁*
то́поль *C*
топо́р *A*
топта́ть *vC.₁*
топча́н *A*
торг *C*
торга́ш *A*
торги́ *A-C*
торжество́ *A*
то́рмоз *C*
то́рный
торопи́ть *vC.₁*
торт *D*
тоска́ *A*
тоскова́ть *vD*
точи́ть *vC.₁*
то́чка *D*
тошнота́ *A*
то́шный *E_f*
то́щий *E_f*
трава́ *B*
трави́на *D*
трави́ть *vC.₁*
тра́ктор *C*
трамва́й *D*
трезве́ть *vD*
тре́звый *E_f*
трель *D*
трепа́ть *vC.₁*
трепета́ть *vC.₁*
треска́ *A*
тре́снуть *vD*
треть *C₁*
тре́фы *B-D*

триу́мф *D*
тро́гать *vD*
тро́нуть *vD*
тропа́ *A₁*
трости́на *D*
тростни́к *A*
трость *C₁*
тротуа́р *D*
трофе́й *D*
труба́ *B*
труба́ч *A*
труд *A*
тру́дный *E_{fpl}*
трудово́й
труп *D*
труси́ха *D*
трусца́ *A*
трусы́ *A-C*
трут *D*
тряси́на *D*
тря́ский
трясти́ *vA*
туго́й *E_f*
тужи́ть *vC.₁*
туз *A*
туля́к *A*
тума́к *A*
тупи́к *A*
тупо́й *E_f*
турни́к *A*
турни́р *D*
ту́склый *E_f*
ту́хлый *E_f*
ту́ча *D*
ту́чный *E_{fpl}*
ту́ша *D*
туши́ть *vC.₁*
тушь *D*
тще́тный
ты́кать *vD*

тьıква *D*	у́лица *D*	фаса́д *D*	хвата́ть *vD*
тыл *C*	ум *A*	фасо́н *D*	хвост *A*
тын *C*	умере́ть *vB.f*	фата́ *A*	хвостово́й
тьıсяча *D*	уме́ть *vD*	фая́нс *D*	хвощ *A*
тюк *A*	умне́е	февра́ль *A*	хиле́ть *vD*
тюльпа́н *D*	у́мный *E₀*	фейербахиа-	хи́лый *E_f*
тюрьма́ *B*	униже́ние *D*	нец *D*	хире́ть *vD*
тютю́н *A*	уня́ть *vB.f*	фельдъе́герь	хитре́ц *A*
тяга́ть *vD*	упру́гий	*C*	хи́трый *E₀*
тяга́ч *A*	упру́же	ферт *A*	хихи́кать *vD*
тягло́ *B*	упьıрь *A*	ферьз *D*	хи́щный
тягота́ *B*	уравни́тель *D*	фильм *D*	хлеб *C*
тяготе́ть *vD*	урожа́й *D*	фина́л *D*	хлеба́ть *vD*
тяжёлый *E₀*	уроже́нец *D*	фити́ль *A*	хлев *C*
тя́жкий *E_f*	ус *C*	флаг *D*	хли́пкий *E_f*
тяну́ть *vC.₁*	усе́рдный	флако́н *D*	хло́пать *vD*
тя́пать *vD*	успе́ть *vD*	фли́гель *C*	хло́пнуть *vD*
	успе́х *D*	флю́гер *C*	хлопота́ть
	уста́ *A–C*	фона́рь *A*	*vC.₁*
убе́жище *D*	уста́в *D*	фонд *D*	хло́поты *B–D*
убо́гий	у́тварь *D*	фонта́н *D*	хло́пья *B–D*
угловой	у́тро *D*	форт *C*	хлыст *A*
у́гол *A*	утро́ба *D*	форшма́к *A*	хлыщ *A*
у́голь *A₁*	у́хо *C₁*	фронт *C₁*	хлябь *D*
¹у́горь *A*	уцеле́ть *vD*	фрукт *D*	хмель *D*
²у́горь *A*	уча́сток *D*	фунт *D*	хмельно́й *E₀*
угрю́мый	учени́ца *D*	футля́р *D*	хму́рый *E_f*
уда́ *B*	учи́ть *vC.₁*	фы́ркать *vD*	хнь́ıкать *vD*
удале́ц *A*	учи́ться *vC.₁*		ход *C*
удало́й *E_f*	учти́вый	хаба́р *A*	ходи́ть *vC.₁*
уди́ть *vC.₁*	ушко́ *A*	хам	ходо́к *A*
удо́бнее	ушни́к *A*	хандра́ *A*	ходьба́ *A*
удо́бный	уще́лье *D*	ханжа́ *A*	холм *A*
уж *A*	ую́т *D*	харч *C*	холоде́ц *A*
у́жинать *vD*		хвала́ *A*	холо́дный *E_fpl*
узда́ *B*	фаго́т *D*	хвали́ть *vC.₁*	холосто́й *E_f*
у́зел *A*	фаза́н *D*	хва́стать *vD*	холостя́к *A*
у́зкий *E_fpl*	факт *D*	хвастовство́ *A*	холст *A*
узнава́ть *vA*	фанза́ *A*	хвасту́н *A*	холсти́на *D*
укори́зна *D*	фарфо́р *D*	хват *D*	холу́й *A*
ула́н *D*			

хому́т *A*	целова́ть *vD*	чепе́ц *A*	чиро́к *A*
хомя́к *A*	цель *D*	чепуха́ *A*	число́ *B*
хор *C*	це́лый *E_f*	че́рви *A₁-C₁*	чисти́лище *D*
хорёк *A*	цена́ *B₂*	червь *A₁*	чистови́к *A*
хорово́й	цени́ть *vC.₁*	черда́к *A*	чистота́ *A*
хорони́ть *vC.₁*	це́нный	че́реп *C*	чи́стый *E_fpl*
хо́ры *B-D*	цеп *A*	черепо́к *A*	чита́ть *vD*
хорь *A*	цепене́ть *vD*	черне́ть *vD*	чиха́ть *vD*
хохо́л *A*	цепля́ть *vD*	черни́ла *B-D*	член *D*
хохоту́н *A*	цепь *C₁*	черни́ца *D*	чо́порный
храбре́ц *A*	це́рковь *C₁*	черновик *A*	чре́во *D*
хра́брый *E_fpl*	цех *C*	черну́ка *D*	чтец *A*
храм *D*	цехо́вщина *D*	чернь *D*	чти́ца *D*
храпе́ть *vA*	цирково́й	черпа́к *A*	чуб *C*
храпу́н *A*	цифрово́й	че́рпать *vD*	чуба́рый
хребе́т *A*	цо́кать *vD*	черта́ *A*	чубу́к *A*
хрип *D*		чертёж *A*	чува́ш *A*
хрипе́ть *vA*	чаба́н *A*	чертовщина́	чугу́н *A*
хри́плый *E_f*	ча́вкать *vD*	*D*	чуда́к *A*
хри́пнуть *vD*	чад *D*	чеса́ть *vC.₁*	чудно́й *E_o*
христиани́н *D*	ча́дный	чесно́к *A*	чу́до *C*
хрома́ть *vD*	ча́до *D*	че́стный *E_fpl*	чужа́к *A*
хромо́й *E_f*	чадра́ *A*	честь *C₁*	чу́ждый *E_f*
хруста́ль *A*	чалма́ *A*	чета́ *A*	чуло́к *A*
хрю́кать *vD*	ча́лый	четве́рг *A*	чума́ *A*
хряк *A*	чан *C*	четверта́к *A*	чума́зый
хрящ *A*	чароде́й *D*	че́тверть *C₁*	чумно́й
худе́ть *vD*	ча́ры *B-D*	чехарда́ *A*	чу́ткий *E_f*
худо́й *E_fpl*	час *C*	чехо́л *A*	чутьё *A*
хулига́н *D*	часовщи́к *A*	чёлн *A*	чуче́ло *D*
хула́ *A*	частота́ *B*	чёрный *E_sg*	
ху́тор *C*	ча́стый *E_f*	чёрствый *E_fpl*	шаг *C*
	часть *C₁*	чёрт *C₁*	шага́ть *vD*
цари́ца *D*	часы́ *A-C*	чёткий *E_f*	шала́ш *A*
царь *A*	ча́хлый	чётный	шалу́н *A*
цвести́ *vA*	ча́хнуть *vD*	чиж *A*	ша́лый
цвет *C*	чва́нный	чин *C*	шаль *D*
цветни́к *A*	чека́ *A*	чи́нный *E_f*	шально́й *E_o*
цеди́ть *vC.₁*	челно́к *A*	чири́кать *vD*	ша́мкать *vD*
целево́й	че́люсть *D*	чи́ркать *vD*	шанта́ж *A*

шантрапа́ *A*
шар *C*
ша́ркать *vD*
шата́ть *vD*
шатёр *A*
ша́фер *C*
ша́хматы *B-D*
шашлы́к *A*
ша́шни *B-D*
швейца́р *D*
швец *A*
швея́ *A*
швыря́ть *vD*
шеде́вр *D*
шельме́ц *A*
шепру́н *A*
шепта́ть *vC₋₁*
шепту́ха *D*
шерсти́на *D*
шерсть *C₁*
шерша́вый
шест
ше́я *D*
шёлк *C*
ши́ло *D*
шине́ль *D*
шино́к *A*
шип *A*
шипе́ть *vA*
ши́ре
ширина́ *A*

широ́кий *Eₒ*
широта́ *B*
ширь *D*
шить *vB*
шкаф *C*
шку́ра *D*
шлея́ *A*
шлёпать *vD*
шлюзово́й
шлях *D*
шмель *A*
шмя́кнуть *vD*
шнур *A*
шныря́ть *vD*
шокола́д *D*
шофёр *D*
шпик *A*
шпина́т *D*
штани́на *D*
штаны́ *A-C*
ште́мпель *C*
ште́псель *C*
што́пать *vD*
штрафни́к *A*
штрафно́й
штрих *A*
штык *A*
штырь *A*
шу́лер *C*
шуме́ть *vA*
шу́мный *Eₓₚₗ*

шу́стрый *E_f*
шут *A*
шути́ть *vC₋₁*
шутни́к *A*
шутни́ца *D*
шушу́кать *vD*

щаве́ль *A*
щего́л *A*
щегольство́ *A*
ще́дрый *Eₓₚₗ*
щека́ *A₂*
щекота́ть *vC₋₁*
щено́к *B*
щепа́ *A₁*
щепа́ть *vC₋₁*
щёлкать *vD*
щёлкнуть *vD*
щёлочь *C₁*
щи *A-C*
щипа́ть *vC₋₁*
щипцы́ *A-C*
щит *A*
щу́пать *vD*
щу́плый *E_f*

экра́н *D*
экста́з *D*
эта́ж *A*
эта́п *D*
эфи́р *D*

южа́нин *D*
юла́ *A*
юне́ц
ю́нкер *C*
ю́ный *E_f*
юрть *D*

я́блоко *D*
яви́ться *vC₋₁*
явля́ть *vD*
я́вный
явь *D*
яд *D*
ядро́ *B*
язы́к *A*
языково́й
язычо́к *A*
язь *A*
яи́чко *D*
яйцо́ *B*
я́корь *C*
я́ма *D*
янва́рь *A*
янта́рь *A*
яр
я́ркий *E_f*
ярлы́к *A*
ярмо́ *B*
я́рый
я́сли *B-D*
я́сный·*Eₓₚₗ*
я́стреб *C*